ATIVE SUA FÉ COMO
DINAMITE

LUCIANE BURGER

ATIVE SUA FÉ COMO
DINAMITE

A SOLUÇÃO PARA A SUA VIDA E NEGÓCIOS
QUANDO TUDO PARECE PERDIDO

São Paulo, 2023

Copyright © 2023 da autora

Todos os direitos desta edição reservados à
Prata Editora (Prata Editora e Distribuidora Ltda.)

Editor-chefe: Eduardo Infante

Revisão de texto: Flávia Cristina Araujo e Carla Rizzo

Projeto Gráfico: Julio Portellada

Capa: Luan Carlos Santos

Diagramação: Estúdio Kenosis (kenosis.com.br)

```
Dados Internacionais de Catalogação na Publicação (CIP)
            (Câmara Brasileira do Livro, SP, Brasil)

Burger, Luciana
    Ative sua fé como dinamite : a solução para a sua
vida e negócios quando tudo parece perdido / Luciana
Burger. -- São Paulo, SP : Prata Editora, 2023.

    ISBN 978-65-86262-09-4

    1. Autoajuda 2. Bíblia - Ensinamentos 3. Fé
(Cristianismo) 4. Motivação I. Título.

23-168344                                   CDD-248.4

            Índices para catálogo sistemático:

1. Fé : Vida cristã : Cristianismo     248.4

Tábata Alves da Silva - Bibliotecária - CRB-8/9253
```

Prata Editora e Distribuidora

www.prataeditora.com.br

facebook/prata editora

Todos os direitos reservados à autora, de acordo com a legislação em vigor. Proibida a reprodução total ou parcial desta obra, por qualquer meio de reprodução ou cópia, falada, escrita ou eletrônica, inclusive transformação em apostila, textos comerciais, publicação em websites etc., sem a autorização expressa por escrito do autor. Os infratores estarão sujeitos às penalidades previstas na lei.

Impresso no Brasil/*Printed in Brasil*

Sumário

Apresentação 7
Agradecimentos 9
Introdução – Transforme sua mente e você transformará sua vida 11
Capítulo 1 – O que a Bíblia diz sobre o medo? 15
Capítulo 2 – Convite à uma vida sobrenatural 33
Capítulo 3 – A promessa de Deus em meio às dificuldades. 39
Capítulo 4 – A dinamite 31
Capítulo 5 – Busque a presença de Deus 55
Capítulo 6 – Testemunhos 57
Capítulo 7 – Minha fé inabalável 75
Capítulo 8 – Seja comandante 79
Capítulo 9 – O medo e a fé 83
Capítulo 10 – Transformando pensamentos e sentimentos tóxicos 85
Capítulo 11 – Declarações diárias para transformar a vida 89
Capítulo 12 – Enfrentando as dificuldades com fé e confiança 95
Capítulo 13 – O que você tem semeado? 97
Capítulo 14 – Declarações poderosas sobre sua vida 103
Capítulo 15 – A fé vem pelo ouvir e ouvir a palavra de Deus 109
Capítulo 16 – O trabalho diligente 121
Capítulo 17 – Você é filho de Deus 123
Capítulo 18 – Ative sua fé como uma dinamite! 127
Capítulo 19 – Recompensa de Deus para aqueles que O agradam 131
Capítulo 20 – Confissão de Fé 135
Conclusão 139
A autora 143

Apresentação

Este livro vai ajudar você a remover, de maneira "explosiva", todas as limitações que o impediam de avançar e prosperar, abrindo caminho para a vida que você sonha.

O objetivo deste livro é despertar e ativar a sua fé, liberar os seus sonhos que estavam guardados, e trazer à existência aquilo que seus olhos ainda não viram, mas que já estão disponíveis nas dimensões celestiais.

Ele é um convite para você abraçar a sua identidade como filho ou filha de Deus e herdeiro ou herdeira de todas as promessas e bênçãos que Ele tem reservado para você.

Ao longo das páginas, você encontrará ensinamentos, reflexões e experiências que lhe capacitarão a caminhar em um nível mais profundo de fé e a acessar o sobrenatural de Deus em todas as áreas da sua vida.

Prepare-se para ser ativado, ou ativada, e capacitado ou capacitada a viver a plenitude da vida que Deus planejou para você desde antes da criação do mundo.

Agradecimentos

Quero agradecer a Deus que, com seu infinito amor, bondade e misericórdia, me escolheu, mesmo eu sendo uma improvável, e me concedeu a graça de escrever este livro.

Aos meus pais Wilson Burger e Carmem Carreira, que deram o seu melhor sempre, ensinando-me a ter honra, caráter, honestidade e a cumprir princípios.

Ao meu esposo, Gustavo, que sempre está ao meu lado, me apoiando, sendo minha coluna, amigo, companheiro fiel em todos os momentos.

Aos meus filhos, Bruno e Valentina, que são presentes de Deus e minhas inspirações, meu por que e para que.

Aos meus apóstolos, André Davi e Nelci Davi, que me inspiraram a ter intimidade com Deus e mostraram que existiam lugares mais profundos para estar em Deus.

Aos meus pastores, Fernando Santos e Silmara Santos, que me projetaram, sempre me apoiando e abrindo caminhos para eu passar.

Ao apóstolo Arão Henrique Xavier, que ativou tão fervorosamente minha fé por meio dos atos proféticos com feijões.

Ao apóstolo Ronny Oliveira que, com seu livro, contando sua linda história com Jesus, encorajou-me a escrever, afinal, eu também era uma improvável.

À minha sogra, Silmara Nozella Rizzo, que ativou ainda mais minha fé ao pedir uma oração por sua máquina de lavar roupas que havia parado, e pasme você, está funcionando até hoje.

Ao meu sogro, Luiz Fernando Rizzo, que cuidou tão amorosamente da minha empresa para que eu me dedicasse ao Senhor.

AGRADECIMENTOS

Ao meu amigo Donaldo Buchweitz, que tornou esse chamado a escrever uma realidade.

Ao Dr. Paulo Vieira e à sua esposa, Camila Vieira, que mudaram minhas crenças e me conduziram a viver minha real identidade.

Aos meus treinadores, Lucas Abreu e Marcelo Moretto, que me municiaram de ferramentas extraordinárias.

Ao escolhido Tiago Brunet, que liberou uma palavra profética na conferência Destino 2022, e com sua verdade e seriedade me mostrou que é possível, sim, mudar o jogo com nossas atitudes.

Ao Pablo Marçal, que sempre me inspira com sua ousadia implacável. Ele me incentivou a escrever quando disse que "a mensagem, quando começa a queimar como fogo, você tem que colocar lenha e fazer com que pessoas sejam aquecidas por ela".

Ao meu amigo e parceiro de trabalho, Luan Carlos Santos, que fez a linda capa deste livro.

À minha cunhada, Carla Rizzo, que me ajudou durante noites a aprimorar minha narrativa.

Ao meu cunhado, Flamínio Barreto, que viu em mim algo que nem eu mesma via, quando pegou o esboço deste livro, imprimiu em uma gráfica, me entregou e disse: "Seus sonhos são reais, Deus já deu tudo o que você precisava".

Ao Júlio Portellada, do Estúdio Kenosis, pela diagramação deste livro, e à Flávia Cristina Araujo, pela revisão.

Às centenas de pessoas que tiveram as vidas transformadas por meio da ativação de fé e que sempre compartilharam seus testemunhos.

Minha imensa gratidão a você, querido leitor, que adquiriu este livro e que está tornando meu propósito de vida real, que é despertar todos os sonhos que estavam adormecidos, e conduzir pessoas a viver o extraordinário.

Luciane Burger

INTRODUÇÃO

Transforme sua mente e você transformará sua vida

Neste livro, você será desafiado(a) a romper com os padrões limitantes deste mundo e a transformar a sua mente. Descobrirá que os pensamentos de Deus são mais elevados e amplos do que os seus, e que os caminhos que Ele tem para você são maiores do que você pode imaginar. Pela renovação da sua mente, você terá a oportunidade de experimentar a boa, agradável e perfeita vontade de Deus em sua vida.

Ao longo destas páginas, você encontrará *insights*, princípios e estratégias que o(a) ajudarão a mudar a forma como pensa, a eliminar crenças limitantes e a desenvolver uma mentalidade alinhada com os propósitos de Deus. Você descobrirá que tem o poder de transformar a sua realidade por meio da renovação da sua mente.

Se você deseja alcançar os seus sonhos, atingir metas e se tornar a melhor versão de si mesmo(a), este livro será o seu guia nessa jornada de transformação. Prepare-se para desafiar a sua mentalidade atual, expandir os seus horizontes e dar um passo em direção a uma vida mais plena e alinhada com a vontade de Deus. Você está prestes a descobrir o poder da transformação mental e a abrir as portas para um futuro extraordinário.

> "...e não vos conformeis com este mundo, mas transformai-vos pela renovação da vossa mente, para que proveis qual é a boa, agradável e perfeita vontade de Deus." (Romanos 12:2)

> "Pois os meus pensamentos não são os pensamentos de vocês, nem os seus caminhos são os meus caminhos", declara o Senhor. "Assim como os céus são mais altos do que a terra, também os meus caminhos são mais altos do que os seus caminhos; e os meus pensamentos, mais altos do que os seus pensamentos." (Isaías 55:8-9)

Satanás, embora derrotado, nunca desiste de nos atacar. Ele tenta nos paralisar, instigando medo e incredulidade em nosso coração. Sua estratégia é roubar nossa fé, nos fazer acreditar que não há mais esperança. Durante tempos difíceis, como na recente pandemia, em atentados, massacres e guerras, ele busca nos prender, nos isolar e atacar nossa mente, levando-nos a duvidar de Deus, de Seus milagres e Suas maravilhas.

O medo nos leva a andar pela visão humana e não pela visão de Deus. Focamos apenas nas circunstâncias atuais, o que nos leva a perder a fé e a confiança Naquele que nos chamou. O medo nos conduz a um cenário de depressão, pânico, paralisia, estagnação, isolamento, procrastinação, desistência, descrença e incredulidade. Passamos a nos guiar pelo que nossos olhos humanos veem.

Quando perdemos a fé, a esperança e a crença, nos tornamos como mortos-vivos, vivendo sem propósito, aprisionados em um corpo sem vida e sem esperança. Isso resulta na frustração de planos, na paralisação de projetos e na falta de conclusão de nosso propósito, impactando negativamente a vida que poderíamos alcançar.

No entanto, é essencial lembrar que temos o poder de resistir a essas táticas do inimigo. Podemos escolher confiar em Deus, renovar nossa fé e buscar a Sua orientação. Ao nos agarrarmos à esperança e à verdade das promessas divinas, podemos superar o medo, a incredulidade e todas as estratégias do inimigo. Não somos derrotados, somos mais que vencedores em Cristo Jesus. Acredite, tenha fé e siga adiante com confiança, pois o poder de Deus está ao seu lado.

Um exemplo vívido disso pode ser observado na vida do profeta Elias, um homem poderosamente usado por Deus para realizar milagres, maravilhas e prodígios. Em um único dia, ele enfrentou e derrotou 850 profetas falsos ao fio da espada. No entanto, logo após essa incrível demonstração do poder de Deus, uma notícia ameaçadora chegou até ele por meio de Jezabel, uma mulher insignificante e sem autoridade. Surpreendentemente, Elias anulou todos os feitos de Deus em sua vida, deixou-se paralisar pelo medo e desejou a própria morte. Isso nos mostra o quanto o medo pode causar estragos terríveis em uma vida e em seu propósito.

Imagino que o profeta Elias estivesse emocionalmente abalado, seu corpo físico exausto e, diante dessa situação, ele tomou a decisão de se isolar e de abandonar seu servo. Essa reação impulsiva e baseada nas emoções mostra o perigo de agir sob pressão e exaustão. É crucial que tenhamos cuidado com nossas emoções, pois elas podem nos trair. Em momentos de medo, é comum abrir uma brecha para a entrada da dúvida e da incerteza, e é exatamente isso que Satanás espera para agir. Elias permitiu que suas emoções o dominassem, levando-o a um estado de isolamento e desespero.

Por isso, é importante aprender com a experiência de Elias. Em vez de se isolar e tomar decisões precipitadas, devemos nos retirar de cena e buscar a presença do Senhor. Devemos depositar nossa confiança e nossas emoções nas mãos daquele que conhece o nosso futuro. Quando o medo surge, é fundamental não permitir que a dúvida tome conta. Satanás usou exatamente isso contra Elias, minando sua fé e sua confiança em Deus.

Portanto, lembre-se da importância de manter a confiança em Deus e buscar orientação em momentos de medo. Não se deixe dominar pelas emoções negativas, mas entregue-as nas mãos de Deus. Ele é capaz de restaurar sua fé, de renovar suas forças e direcionar seu caminho. Não dê espaço para o medo, mas confie Naquele que é maior do que qualquer adversidade e supere os planos do inimigo.

Quando decidi escrever este livro, Satanás aproveitou para sussurrar em meu ouvido, questionando minha autoridade para falar sobre atos proféticos. "Quem é você para abordar esse assunto?", ele insinuava. Confesso que essa dúvida momentânea me deixou pensativa, balançando minha confiança.

No entanto, diante desse dilema, tive que tomar uma decisão. Era uma escolha entre ouvir a voz de Deus, que me chamava e me capacitava para compartilhar Sua Palavra, ou ceder às artimanhas do derrotado Satanás. Com gratidão no coração, posso afirmar que escolhi ouvir a voz do meu Pai celestial. Foi essa decisão que me trouxe até aqui, e é por isso que você está lendo este livro neste momento.

Essa experiência pessoal me ensinou uma lição valiosa. Não importa quem somos ou quais títulos carregamos, a autoridade para proclamar a Palavra de Deus e compartilhar Sua verdade vem Dele. Ele nos capacita e nos direciona, independentemente das nossas circunstâncias ou qualificações terrenas. O inimigo pode tentar nos intimidar e questionar nossa legitimidade, mas quando estamos firmados na voz de Deus, podemos superar qualquer obstáculo e cumprir o propósito para o qual fomos chamados.

Portanto, não permita que dúvidas e inseguranças impeçam você de seguir adiante. Ouça a voz do seu Pai celestial, confie em Sua capacitação e prossiga com coragem e determinação. O inimigo tentará minar sua confiança, mas lembre-se de que ele já foi derrotado. Você está sendo equipado por Deus para cumprir uma missão específica, e o poder Dele fluirá através de você, independentemente do seu status ou posição. Esteja firme na verdade e no chamado que Deus colocou sobre sua vida, pois é nesse lugar que você encontrará propósito, plenitude e alegria em servir ao Senhor.

CAPÍTULO 1

O que a Bíblia diz sobre o medo?

Em Isaías 41:10, diz:

> "Por isso não tema, pois estou com você; não tenha medo, pois sou o seu Deus."

Nessa parte, Deus está falando ao seu povo, reafirmando que eles não devem ter medo ou temer porque Ele está presente. Ele garante que Ele é o Deus deles, aquele que cuida e protege.

> "Eu o fortalecerei e o ajudarei."

Aqui, Deus promete fortalecer e ajudar seu povo. Ele se coloca como uma fonte de força e apoio, oferecendo Seu poder e auxílio nas situações difíceis que possam enfrentar.

> "Eu o segurarei com a minha mão direita vitoriosa."

Essa frase simboliza a proteção e o controle de Deus. A mão direita é frequentemente associada à força e ao poder. Ao segurar com sua mão direita, Deus mostra que é capaz de superar qualquer adversidade e trazer a vitória.

Aqui podemos ver a confiança e a segurança em Deus, nos encorajando a não temer, pois Ele está ao nosso lado, pronto para fortalecer, ajudar e nos guiar em nossas jornadas. É uma mensagem de fé e esperança no poder de Deus.

Como aplicar esse versículo em sua vida?

Não tema: quando enfrentar desafios, incertezas ou temores, lembre-se de que Deus está com você. Esforce-se para não permitir que o medo domine sua vida, confiando na promessa de que Deus está ao seu lado.

Conscientize-se da presença de Deus: cultive uma consciência constante da presença de Deus em sua vida. Saiba que Ele está sempre presente, oferecendo-lhe força e ajuda em todos os momentos.

Encontre força e encorajamento em Deus: quando sentir-se fraco ou desencorajado, recorra ao Senhor em busca de força e renovação. Confie em Sua capacidade de fortalecer e apoiar aquele que O busca em todas as circunstâncias.

Confie na ajuda de Deus: acredite que Deus está pronto para lhe ajudar em todas as situações. Confie em Sua sabedoria e providência para guiar seus passos e para capacitar você a enfrentar qualquer desafio que surgir.

Deixe Deus segurar sua mão: visualize a imagem de Deus segurando sua mão direita, vitoriosa. Essa imagem pode lembrá-lo de que você não está sozinho e que Deus está ao seu lado, pronto para guiá-lo e protegê-lo.

Cultive uma vida de fé: busque uma vida fundamentada na fé em Deus. Busque conhecê-Lo mais, por meio da oração, do jejum e da leitura da Bíblia. Quanto mais você se aproximar de Deus, mais confiança terá em Sua presença e cuidado.

Lembre-se de que aplicar esses princípios requer esforço contínuo e fé ativa. À medida que você se aprofunda na relação com Deus e confia em Sua presença e ajuda, encontrará paz, força e segurança para enfrentar os desafios da vida.

Em Salmos 118:6, diz:

> "O Senhor é por mim, não recearei; que me pode fazer o homem? O Senhor está comigo; não temerei o que me pode fazer o homem."

Nesse versículo, o salmista expressa a confiança em Deus e a segurança em Sua proteção. Ele declara que se o Senhor está ao seu lado, ele não tem motivo para temer qualquer ação ou ameaça feita pelos homens.

A afirmação "O Senhor é por mim" é uma expressão de confiança na presença e no apoio de Deus. O salmista reconhece que, tendo Deus ao seu lado, não há razão para temer qualquer coisa que os homens possam fazer contra ele.

Ao perguntar "que me pode fazer o homem?", o salmista está reconhecendo a limitação do poder humano em comparação com o infinito poder e a soberania de Deus. Ele está enfatizando que, mesmo que os homens possam ter a intenção de prejudicá-lo, eles são impotentes diante do poder e do cuidado divinos.

A declaração final "O Senhor está comigo; não temerei o que me pode fazer o homem" reforça a confiança do salmista na presença constante de Deus. Ele afirma que, enquanto Deus estiver ao seu lado, ele não precisará temer as ameaças ou ações dos homens, porque a proteção e o cuidado de Deus são suficientes.

Esse versículo ressalta a importância de confiar em Deus em meio a desafios e adversidades, e nos lembra de que o poder humano é ínfimo em relação ao poder de Deus. É uma afirmação de fé e segurança na presença protetora do Senhor.

Como aplicar esse versículo em sua vida?

Cultive a confiança em Deus: esforce-se para desenvolver uma confiança firme na presença e no cuidado de Deus em sua vida. Reconheça que Ele está ao seu lado e que Seu poder é maior do que qualquer desafio ou oposição que possa enfrentar.

Liberte-se do medo humano: quando confrontado com situações em que o medo humano possa surgir, recorra à verdade de que Deus está por você. Lembre-se de que qualquer atitude do homem é limitada e insignificante em comparação com o poder e a proteção de Deus.

Entregue suas preocupações a Deus: em vez de se preocupar excessivamente com o que os outros podem fazer ou pensar, entregue suas preocupações a Deus em oração. Confie que Ele é capaz de lidar com qualquer situação e que Ele está cuidando de você.

Lembre-se do propósito e do chamado de Deus: mantenha o foco no propósito e no chamado que Deus tem para sua vida. Quando você estiver firmemente comprometido com o que Ele tem planejado para você, poderá encontrar força e coragem para enfrentar quaisquer obstáculos ou críticas que surgirem.

Viva com ousadia e coragem: com a segurança de que o Senhor está ao seu lado, liberte-se da prisão do medo e viva com ousadia e coragem. Busque realizar o que Deus colocou em seu coração, confiando que Ele irá capacitá-lo e guiá-lo ao longo do caminho.

Lembre-se de que a aplicação pessoal desse versículo exige fé e prática contínuas. À medida que você se esforça para confiar em Deus em todas as circunstâncias, encontrará uma liberdade e uma paz que vão além das preocupações humanas.

Em Jeremias 1:8, diz:

> "Não temas diante deles; porque estou contigo para te livrar, diz o Senhor."

Aqui Deus está falando com o profeta Jeremias, que foi chamado para ser um porta-voz do Senhor. Ele encoraja Jeremias a não ter medo daqueles que irão se opor a ele ou que possam ameaçá-lo, porque Deus estará com ele para protegê-lo e livrá-lo.

A frase "Não temas diante deles" indica que Jeremias pode enfrentar desafios e oposição por causa da sua missão profética. No entanto, Deus o instrui a não ceder ao medo diante dessas circunstâncias adversas.

A afirmação "porque estou contigo para te livrar" é uma promessa de Deus para Jeremias. Ele assegura que estará presente com o profeta em todas as situações e agirá para livrá-lo dos perigos e das ameaças que possam surgir.

Ao dizer "diz o Senhor", Deus enfatiza a autoridade e confiabilidade de Sua promessa. Ele está declarando que Sua palavra é verdadeira e que Ele cumprirá o que prometeu.

Esse versículo mostra que, assim como Jeremias, você pode confiar em Deus nos momentos de adversidade. Ele promete estar ao seu lado, protegendo e livrando você dos perigos que possam surgir em sua jornada. É uma mensagem de encorajamento para confiar na presença e no cuidado de Deus, superando o medo com fé.

Como aplicar esse versículo em sua vida?

Não tema diante das adversidades: assim como Jeremias foi instruído a não temer aqueles que se oporiam a ele, você também pode encontrar desafios em sua vida. Lembre-se de não ceder ao medo, mas confie em Deus, sabendo que Ele está com você.

Confie na presença de Deus: assim como Deus prometeu a Jeremias que estaria com ele, Ele também está com você. Coloque sua confiança na presença de Deus em sua vida, reconhecendo que Ele está sempre ao seu lado, independentemente das circunstâncias.

Busque livramento em Deus: ao enfrentar situações difíceis ou ameaças, confie em Deus para livrar você de toda tribulação. Ele é poderoso e fiel para proteger e livrar aquele que confia Nele. Ore, entregue suas preocupações a Ele e confie em Sua intervenção.

Lembre-se da autoridade de Deus: ao afirmar "diz o Senhor", Deus reforça Sua autoridade e fidelidade. Quando você enfrentar dúvidas ou incertezas, lembre-se da confiabilidade de Suas promessas. A Palavra de Deus é verdadeira e Ele cumprirá o que prometeu.

Cultive uma fé confiante: aplique o versículo em sua vida diária, fortalecendo sua confiança em Deus. Lembre-se constantemente de que Ele está com você, para livrá-lo. Isso pode ajudar você a enfrentar os desafios com fé, esperança e coragem, sabendo que Deus está no controle.

Em 1 João 4:18, diz:

> "No amor não há medo; ao contrário, o perfeito amor expulsa o medo, porque o medo supõe castigo. Aquele que tem medo não está aperfeiçoado no amor."

Aqui o apóstolo João está destacando a relação entre o amor e o medo. Ele afirma que, no contexto do amor genuíno, não há lugar para o medo. Em vez disso, o amor perfeito expulsa o medo.

Ao mencionar que "o medo supõe castigo", João está enfatizando que o medo está relacionado a uma expectativa de punição ou de consequências negativas. O medo muitas vezes surge quando estamos preocupados com as consequências de nossas ações ou com o que os outros podem fazer conosco.

No entanto, João afirma que o amor perfeito é capaz de expulsar o medo. O amor de Deus é o exemplo máximo desse amor perfeito, e quando estamos firmemente enraizados nesse amor, não há lugar para o medo em nossa vida.

Ao dizer que aquele que tem medo não está aperfeiçoado no amor, João está indicando que o medo é um sinal de que ainda não experimentamos plenamente o amor de Deus. Quando compreendemos e vivenciamos o amor de Deus em nossa vida, somos transformados por ele e encontramos segurança e confiança em Sua presença.

Busque o amor perfeito de Deus e procure cultivar um relacionamento profundo com Ele, a fim de experimentar a liberdade do medo. À medida que se aperfeiçoar no amor de Deus, você será capacitado a viver de modo corajoso e confiante, superando o medo com Sua presença amorosa e protetora.

Como aplicar esse versículo em sua vida?

Busque o amor perfeito de Deus: dedique tempo para desenvolver um relacionamento mais profundo com Deus, buscando conhecer o Seu amor perfeito. Isso pode ser feito por meio da oração, da leitura da Bíblia e da meditação nas verdades sobre o amor de Deus.

Permita que o amor de Deus expulse o medo: ao se perceber com medo, lembre-se do amor de Deus e permita que esse amor perfeito expulse o medo de seu coração. Lembre-se de que Deus é amoroso, cuidadoso e protetor, e Ele está com você em todas as circunstâncias.

Confie na provisão e no cuidado de Deus: o medo muitas vezes está ligado à preocupação com o futuro e às incertezas da vida. Ao confiar no amor de Deus, você pode descansar na Sua provisão e cuidado. Reconheça que Ele é capaz de suprir todas as suas necessidades e de cuidar de você em todas as situações.

Renove sua mente com a verdade do amor de Deus: enfrente o medo renovando sua mente com a verdade sobre o amor de Deus. Substitua os pensamentos de medo com declarações da Palavra de Deus que falam do Seu amor e do cuidado por você. Meditar nessas verdades fortalecerá sua fé e ajudará a dissipar o medo.

Cultive um relacionamento amoroso com os outros: o amor de Deus não apenas expulsa o medo em nossa vida, mas também nos capacita a amar os outros de maneira verdadeira e altruísta. Ao cultivar relacionamentos amorosos e demonstrar amor aos outros, você estará vivendo de acordo com o amor perfeito de Deus e experimentando uma vida livre do medo.

Lembre-se de que a aplicação pessoal desse versículo requer tempo e esforço contínuo. À medida que você busca ativamente o amor perfeito de Deus e escolhe confiar Nele em vez de temer, você experimentará uma vida mais abundante e livre do medo.

Em Salmos 27:1, diz:

> "O SENHOR é a minha luz e a minha salvação; a quem temerei?
> O Senhor é a força da minha vida; de quem me recearei?"

Nesse verso, o salmista declara sua confiança total em Deus, descrevendo-O como sua luz, salvação e força.

O Senhor é a minha luz: a luz traz clareza, orientação e segurança. Quando reconhecemos Deus como nossa luz, estamos afirmando que Ele ilumina nosso caminho, trazendo discernimento e sabedoria em meio à escuridão e às incertezas da vida. Podemos confiar Nele para nos guiar em todas as áreas da nossa vida.

O Senhor é a minha salvação: a salvação é um ato divino de livramento, redenção e restauração. Ao afirmar que Deus é nossa salvação, reconhecemos que Ele é quem nos resgata do pecado, da condenação e das dificuldades da vida. Podemos encontrar paz e esperança sabendo que Deus é capaz de nos salvar e nos dar uma nova vida em Cristo.

O Senhor é a força da minha vida: a força é aquilo que nos capacita a enfrentar os desafios e perseverar. Quando reconhecemos Deus como a força da nossa vida, estamos afirmando que Ele nos fortalece, nos sustenta e nos capacita a superar obstáculos. Podemos confiar em Sua força divina para enfrentar qualquer situação e vencer as batalhas que encontramos.

Como aplicar esse versículo em sua vida?

Confie na luz de Deus para guiar seus passos em decisões importantes, buscando Sua sabedoria e direção por meio da oração e do estudo da Bíblia.

Encontre segurança e esperança na salvação que Deus oferece por meio de Jesus Cristo. Entregue-se a Ele, confiando que Ele vai lhe redimir e dar a você a vida eterna.

Busque força em Deus em tempos de fraqueza, tribulações e desafios. Dependa Dele para enfrentar suas dificuldades, sabendo que Ele é poderoso e capaz de lhe dar a força necessária para superar qualquer obstáculo.

Afaste o medo e a ansiedade, lembrando-se de que Deus é a sua luz, salvação e força. Não importa as circunstâncias ao seu redor, você pode confiar na presença constante e no poder do Senhor.

Lembre-se de que essa aplicação requer fé e confiança constantes em Deus. Ao buscar uma relação mais profunda com Ele, você experimentará Sua luz, salvação e força de maneiras poderosas e transformadoras em sua vida.

Em Salmos 56:3, diz:

> "Em qualquer tempo que eu temer, confiarei em ti. Em Deus louvarei a Sua palavra, em Deus pus a minha confiança; não temerei o que me possa fazer a carne."

Esse versículo expressa confiança em Deus e a decisão de confiar Nele, independentemente das circunstâncias.

Em qualquer tempo que eu temer, confiarei em ti: aqui, o salmista declara sua determinação de confiar em Deus, não importa o que esteja enfrentando. Independentemente do medo, ansiedade ou incerteza que possa surgir, a resposta do salmista é colocar sua confiança no Senhor. Isso nos ensina a buscar Deus como nossa fonte de segurança e paz em todos os momentos.

Em Deus louvarei a sua palavra: o salmista reconhece a importância da Palavra de Deus e declara seu compromisso de louvá-la. Ele encontra conforto, direção e orientação na Palavra de Deus. Essa atitude nos lembra a importância de nos envolvermos com as Escrituras, estudando-as e meditando nelas, para que possamos ser fortalecidos e encorajados em nossa fé.

Em Deus pus a minha confiança; não temerei o que me possa fazer a carne: o salmista afirma sua confiança inabalável em Deus. Ele reconhece que, mesmo diante das ameaças e dos perigos da vida, ele não temerá. Sua confiança está firmemente colocada em Deus e ele entende que seja o que for que os outros possam lhe fazer fisicamente, não deve abalar sua fé e confiança no Senhor.

Como aplicar esse versículo em sua vida?

Decida confiar em Deus em todos os momentos, independentemente do medo ou da preocupação que você possa sentir. Busque a Sua presença e entregue suas preocupações a Ele, sabendo que Ele é digno de confiança e pode cuidar de você.

Valorize a Palavra de Deus como uma fonte de verdade e direção. Dedique tempo para estudar e meditar nas Escrituras, permitindo que guiem seus pensamentos, palavras e ações. Encontre encorajamento e força na Palavra de Deus.

Coloque sua confiança em Deus, sabendo que Ele é maior do que qualquer ameaça ou desafio que você possa enfrentar. Lembre-se de que nossa segurança e identidade estão enraizadas Nele, não nas circunstâncias externas ou na força da carne.

Ao aplicar essas verdades em sua vida, você desenvolverá uma confiança crescente em Deus e experimentará Sua paz e proteção. Em vez de ser dominado pelo medo, você poderá enfrentar os desafios com coragem e fé, sabendo que o Senhor está ao seu lado.

Em 2 Timóteo 1:7, diz:

> "Pois Deus não nos deu espírito de covardia, mas de poder, de amor e de equilíbrio."

Esse versículo enfatiza a natureza do Espírito que Deus nos concede.

Deus não nos deu espírito de covardia: a covardia é o oposto da coragem e se refere ao medo, à timidez e à falta de confiança. O versículo nos assegura que Deus não nos destinou a viver com medo ou insegurança. Ele nos chama a viver corajosamente, confiando em Sua presença e em Seu poder para superar os desafios que enfrentamos.

Mas de poder: Deus nos dá o Espírito de poder. Isso significa que Ele nos capacita com Sua força soberana para enfrentar as situações da vida e cumprir a Sua vontade. Não precisamos confiar em nossa própria força, mas podemos depender do poder de Deus que habita em nós.

De amor: o Espírito que Deus nos concede é caracterizado pelo amor. Esse amor não é apenas um sentimento, mas uma ação sacrificial e generosa em direção aos outros. É o amor que emana de Deus e que devemos manifestar em nossos relacionamentos e em nossas ações diárias.

De equilíbrio: essa palavra pode significar também "autocontrole" ou "disciplina". Deus nos dá o Espírito que nos capacita a ter equilíbrio e moderação em todas as áreas da vida. Ele nos ajuda a ter controle sobre nossos pensamentos, palavras e ações, para que possamos viver de acordo com a Sua vontade e não sermos dominados pelas nossas emoções ou impulsos.

Como aplicar esse versículo em sua vida?

Rejeite o espírito de covardia e confie em Deus. Não permita que o medo ou a insegurança dominem sua vida. Em vez disso, confie no poder e na presença de Deus, sabendo que Ele está ao seu lado.

Aproveite o poder de Deus que habita em você. Lembre-se de que você não está sozinho, mas tem acesso ao poder divino para enfrentar as dificuldades, vencer as tentações e cumprir o propósito de Deus em sua vida.

Manifeste o amor de Deus em seus relacionamentos e ações. Deixe que o amor de Deus flua através de você, buscando amar os outros como Cristo nos amou.

Cultive o equilíbrio e a disciplina em sua vida. Busque a direção do Espírito Santo para ter autocontrole e sabedoria em suas decisões, palavras e ações. Deixe que a Palavra de Deus e o Espírito de Deus guiem sua vida e ajudem você a viver em conformidade com os princípios de Deus.

Ao aplicar essas verdades em sua vida, você experimentará a libertação do medo, a capacitação do poder, a transformação do amor de Deus e o equilíbrio do Espírito Santo. Você viverá com coragem, em uma vida poderosa, cheia de amor e equilíbrio, refletindo a natureza de Deus em todas as áreas.

Em Filipenses 4: 6-7, diz:

> "Não andeis ansiosos por coisa alguma; antes, as vossas petições sejam em tudo conhecidas diante de Deus pela oração e súplicas, com ação de graças. E a paz de Deus, que excede todo o entendimento, guardará os vossos corações e os vossos sentimentos em Cristo Jesus."

Esses versículos nos oferecem uma orientação preciosa sobre como lidar com a ansiedade e encontrar a paz de Deus. Vamos explorar o seu significado e aplicação:

Não andeis ansiosos por coisa alguma: a Palavra de Deus nos exorta a não sermos dominados pela ansiedade. Em vez disso, somos chamados a confiar em Deus e entregar nossas preocupações a Ele. A ansiedade pode nos consumir e prejudicar nossa paz interior, mas Deus nos convida a confiar Nele e descansar em Sua providência.

As vossas petições sejam em tudo conhecidas diante de Deus pela oração e súplicas, com ação de graças: aqui, somos incentivados a levar todas as nossas preocupações, necessidades e desejos a Deus em oração. Podemos expressar a Ele nossas petições e súplicas, acompanhadas de gratidão. A oração nos conecta diretamente com Deus, permitindo que compartilhemos nossos fardos e busquemos Sua sabedoria e intervenção em todas as áreas da nossa vida.

E a paz de Deus, que excede todo o entendimento, guardará os vossos corações e os vossos sentimentos em Cristo Jesus: quando confiamos em Deus e entregamos nossas preocupações a Ele, experimentamos Sua paz transcendente. Essa paz é inexplicável e vai além de qualquer compreensão humana. Ela guarda nossos corações e mentes, nos protegendo do impacto negativo da ansiedade e nos permitindo viver em tranquilidade e segurança em Cristo Jesus.

Como aplicar esse versículo em sua vida?

Não permita que a ansiedade controle sua vida. Em vez disso, entregue suas preocupações a Deus em oração, sabendo que Ele se importa com você e está disposto a ajudá-lo.

Cultive uma vida de oração constante, compartilhando tudo com Deus: suas alegrias, preocupações, necessidades e desejos. Esteja aberto para ouvir a voz de Deus e confiar em Sua sabedoria e direção.

Agradeça a Deus em todas as circunstâncias, reconhecendo Sua fidelidade e bondade, mesmo em meio às dificuldades. A gratidão nos ajuda a manter uma perspectiva positiva e a confiar que Deus está no controle.

Busque a paz de Deus que excede todo o entendimento. Essa paz não depende das circunstâncias, mas é encontrada em uma relação pessoal com Cristo Jesus. Permita que essa paz dos céus governe seus pensamentos, emoções e decisões, confiando que Deus está cuidando de você.

Ao aplicar essas verdades em sua vida, você encontrará alívio para a ansiedade, descanso em Deus e experimentará a paz divina que ultrapassa todo entendimento humano, guardando seu coração e seus pensamentos em Cristo Jesus.

Em Salmos 4:8, diz:

> "Em paz me deito e logo adormeço, pois só tu, Senhor, me fazes viver em segurança."

Esse versículo expressa confiança e paz no Senhor, reconhecendo que é somente Ele quem proporciona segurança e descanso.

Em paz me deito e logo adormeço: com essas palavras, o salmista reflete um coração tranquilo e sereno. Ele encontra paz e descanso ao se deitar à noite, confiando na proteção e no cuidado de Deus. Essa expressão também pode ser interpretada como uma entrega confiante de todas as preocupações e ansiedades nas mãos de Deus, permitindo que o sono venha facilmente.

Pois só tu, Senhor, me fazes viver em segurança: o salmista reconhece que a verdadeira segurança e proteção vêm do Senhor. Ele compreende que não é pelas suas próprias forças ou circunstâncias favoráveis que encontra segurança, mas é somente em Deus que ele vive em verdadeira segurança. Essa confiança no Senhor nos lembra que podemos confiar Nele em todas as situações e descansar em Sua fidelidade.

Como aplicar esse versículo em minha vida?

Busque a paz de Deus em todas as áreas da sua vida. Confie Nele e entregue todas as suas preocupações e fardos em Suas mãos. Aprenda a descansar em Sua soberania e amor, sabendo que Ele está no controle.

Reconheça que a segurança verdadeira só é encontrada em Deus. Não coloque sua confiança em coisas passageiras deste mundo, em pessoas, em circunstâncias, mas coloque sua fé no Senhor, que é eterno e imutável. Saiba que Ele é sua fonte de proteção e refúgio.

Cultive um coração de gratidão pelo cuidado e provisão de Deus em sua vida. Agradeça a Ele por Sua fidelidade e amor constante, reconhecendo que é somente por Sua graça que você vive em segurança.

Permita que essa confiança e paz em Deus permeiem todas as áreas da sua vida, incluindo seu sono. Entregue seus temores e preocupações a Ele antes de dormir, sabendo que Ele está cuidando de você e que você pode descansar em Sua proteção.

Ao aplicar essas verdades em sua vida, você experimentará uma paz profunda e uma confiança segura no Senhor, permitindo que descanse em Sua presença e viva em segurança sob Sua proteção.

Em Josué 1:9, o Senhor nos diz:

> "Não te ordenei eu? Esforça-te e tem bom ânimo; não te atemorizes, nem te espantes, porque o SENHOR, teu Deus, está contigo por onde quer que andares."

Esse versículo, em especial, é o que amo e tenho como base para minha vida.

Ele é parte do encorajamento que Deus deu a Josué, sucessor de Moisés, quando estava prestes a liderar os filhos de Israel na conquista da terra prometida.

Não te ordenei eu? Esforça-te e tem bom ânimo: Deus lembra a Josué de que Ele o comissionou e ordenou para essa tarefa. Ele está chamando Josué a ser forte e corajoso diante dos desafios que enfrentará. Isso nos ensina que quando Deus nos chama para algo, Ele também nos capacita e fortalece para cumprir essa missão.

Não te atemorizes, nem te espantes: Deus exorta Josué a não ter medo ou se intimidar diante das circunstâncias. Isso indica que o medo e o espanto podem ser obstáculos para a confiança e a obediência. Deus nos encoraja a confiar Nele e a não permitir que o medo nos paralise.

Porque o SENHOR, teu Deus, está contigo por onde quer que andares: a promessa de Deus é a Sua presença constante e inabalável. Ele assegura a Josué que estará com ele em cada passo do caminho, independentemente das dificuldades que possam surgir. Essa verdade também se aplica a nós, hoje: Deus está conosco em todas as circunstâncias e nos capacita para enfrentar qualquer desafio.

Como aplicar esse versículo em sua vida?

Reconheça a chamada de Deus em sua vida: assim como Josué foi chamado para liderar o povo de Israel, cada um de nós tem uma vocação e um propósito dado por Deus. Busque discernir a vontade de Deus em sua vida e esteja disposto a seguir Suas ordens.

Esforce-se e tenha bom ânimo: enfrente seus desafios com coragem e determinação, sabendo que Deus está ao seu lado. Não deixe o medo ou as dificuldades o desencorajarem. Confie no poder e na provisão de Deus.

Não se atemorize nem se espante: diante das incertezas e adversidades da vida, confie em Deus. Não permita que o medo o domine, mas coloque sua confiança Nele, sabendo que Ele é maior do que qualquer desafio que você possa enfrentar.

Lembre-se da presença constante de Deus: esteja consciente de que Deus está com você em todos os momentos. Sua presença traz conforto, segurança e força. Busque estar em comunhão com Ele por meio da oração, da meditação na Palavra e da obediência à Sua vontade.

Ao aplicar essas verdades em sua vida, você experimentará a força e a coragem que vêm de Deus. Você será encorajado a enfrentar os desafios com confiança, sabendo que Ele está ao seu lado, guiando-o e capacitando-o. Não importa para onde a vida o leve, lembre-se sempre da promessa de Deus: Ele está com você por onde quer que vá. Portanto, não tema, confie em Seu poder, siga Sua orientação e prossiga com coragem, sabendo que não está sozinho, nunca! Não permita que o medo, as dores, as decepções e as frustrações roubem seus planos, sonhos e projetos. Você é um projeto de Deus que nasceu para dar certo.

Vamos entrar em uma nova dimensão, a dimensão dos céus, onde tudo é possível, onde você andará por fé, por visão, e não por vista.

A palavra diz que sem fé é impossível agradar a Deus, se você O ama, quer estar com Ele, quero lhe convidar a entrar nessa outra dimensão, a dimensão da fé – onde tudo é possível.

Em Efésios 1:3, diz:

> "Bendito seja o Deus e Pai de nosso Senhor Jesus Cristo, que nos abençoou com TODAS as bênçãos espirituais nos lugares celestiais em Cristo."

Nós já fomos abençoados! Já é nosso! Já é seu!

Não é que você será curado, você já foi curado!

Todas as bênçãos já foram liberadas sobre sua vida, você só precisa tomar posse! Decidir subir nos lugares celestiais.

"Lu, como faço isso?"

A resposta é: oração, jejum e intimidade com Ele.

Deus só revela segredos aos íntimos.

Escreva aqui as bênçãos que já estão liberadas sobre sua vida e que você decidiu tomar posse! Olhe com os olhos da fé. Aqui estão seus sonhos mais ousados:

_____

_____

_____

_____

_____

Agora feche os olhos e respire profundamente por três vezes. Em seguida, escreva uma carta para Deus, agradecendo as coisas que você já recebeu este ano com seus olhos espirituais. Isso mesmo: pelas coisas que aos seus olhos físicos não aconteceram, mas que já existem *aos seus olhos espirituais*. Traga seu futuro ao presente, agora, e agradeça por tudo o que Deus já fez. Após escrever, leia essa carta por 60 dias, todos os dias, sem falhar em nenhum.

_____

_____

_____

_____

_____

_____

_____

_____

_____

CAPÍTULO 2

Convite à uma vida sobrenatural

Em 1 Samuel 1:10-18, vemos a história de Ana, uma mulher estéril. Naquela época, não ter filhos era considerado uma vergonha, e Ana estava sofrendo muito com isso. Ela se sentia triste, amargurada e era constantemente humilhada por Penina, a outra esposa de Eucana. Naquela cultura, era comum ter mais de uma esposa. Ana provavelmente já havia tentado de tudo para conceber um filho, mas nada parecia funcionar.

Um dia, enquanto todos estavam se divertindo em uma festa, Ana se retirou para orar e chorar. Enquanto estava ali, prostrada com o rosto no chão, o profeta Eli passou por ela e a repreendeu, pensando que ela estava embriagada. Mas Ana respondeu humildemente: "Não, meu senhor, sou uma mulher angustiada. Estou derramando meu coração diante do Senhor em busca de um filho". O profeta Eli observou a angústia e a fé daquela mulher, mesmo diante do sofrimento, da vergonha e da exclusão social. Ainda que visse o caos ao seu redor, Ana orava com fé e acreditava que Deus poderia reverter sua situação.

Então, o profeta Eli abençoou Ana, dizendo: "Vá em paz, e que o Deus de Israel lhe conceda o que você pediu". E naquele mesmo instante, Ana secou suas lágrimas e sua tristeza se transformou em alegria. Embora fisicamente ela ainda não tivesse o filho nos braços, com os olhos espirituais ela já o havia trazido à existência. Ela mudou de dimensão e acessou o milagre de Deus.

E assim foi. No ano seguinte, Ana estava com o Profeta Samuel em seus braços. Ela experimentou a fidelidade de Deus e viu o cumprimento da promessa em sua vida.

Essa história nos ensina que podemos entrar na dimensão dos céus e acessar as regiões celestiais, onde tudo é possível. Podemos crer nas promessas de Deus e confiar que Ele tem o poder de reverter qualquer situação adversa. Assim como Ana, podemos orar com fé e esperança, mesmo quando os obstáculos parecem insuperáveis. Podemos perseverar na busca do milagre, confiando que Deus está conosco em cada passo do caminho.

Portanto, sinta-se com coragem para buscar a dimensão espiritual, onde o poder de Deus é ilimitado e as respostas para suas orações já estão prontas e preparadas. Creia que Ele pode transformar sua tristeza em alegria, suas dificuldades em vitória e suas impossibilidades em milagres. Confie na fidelidade de Deus e na Sua capacidade de fazer o impossível acontecer em sua vida.

Deus não chamou você para viver uma vida natural, repleta de impossibilidades e sobrecarregada de desafios. Ele não chamou você para viver em um ciclo interminável de contas que lhe sufocam, com um medo paralisante, com vícios que destroem sua família, com uma vida conjugal em que o divórcio soa como única saída, com diagnósticos médicos contrários, com más notícias que não param de chegar, com traição, roubo, frustração e um mundo cheio de trevas, escuridão, depressão e aridez espiritual.

Em vez disso, Deus chamou você para viver uma vida sobrenatural. A todo instante, Ele convida você para andar em Sua luz e plenitude. Ele chama você para crer e confiar que Aquele que chamou é capaz de fazer infinitamente mais do que você possa imaginar. É um convite para sair da esfera do natural, onde o mundo é marcado por limitações e impossibilidades, e entrar no sobrenatural, onde o poder e a graça de Deus operam.

Este livro é um convite para você compreender que é um filho e herdeiro de Deus, juntamente com Jesus. Você foi criado para ter intimidade com Ele, assim como Adão tinha no Jardim do Éden. É um convite para transformar sua casa em um jardim secreto, um lugar onde a presença de Deus é atraída e vivenciada.

Lembrando as palavras de Jesus em João 15:15: "Já não os chamo servos, porque o servo não sabe o que o seu senhor faz. Em vez disso, eu os tenho chamado amigos, porque tudo o que ouvi de meu Pai eu lhes tornei conhecido". Deus não deseja que você seja apenas um servo, mas um amigo íntimo, alguém que compartilha em comunhão e conhecimento profundo do coração do Pai.

Sinta agora, neste momento, o convite oferecido aqui para mergulhar em um relacionamento mais profundo com Deus, para descobrir a sua identidade como filho amado, ou filha amada, e para entender que você tem acesso ao conhecimento e à revelação dos planos e propósitos de Deus para a sua vida. Você será encorajado, ou encorajada, a sair da limitação do natural e a entrar na dimensão sobrenatural, onde a comunhão com Deus e a manifestação de Seu poder se tornam uma realidade palpável.

Portanto, esteja pronto, ou pronta, para experimentar uma transformação em sua vida ao entender que recebeu um chamado para mais do que uma existência comum. Este é um chamado para viver uma vida sobrenatural, cheia do amor, da graça e do poder de Deus. Aceite este convite e deixe que a presença de Deus envolva cada área de sua vida, tornando-a um testemunho vivo do Seu poder e do Seu amor.

Mateus 6:6 nos traz uma instrução valiosa dada por Jesus sobre a prática da oração. Ele diz: "Mas, quando você orar, vá para seu quarto, feche a porta e ore a seu Pai, que está em secreto. Então seu Pai, que vê em secreto, o recompensará".

Nesse versículo, Jesus nos ensina sobre a importância da oração pessoal e íntima com Deus. Ele nos incentiva a buscar um lugar de recolhimento e privacidade, onde possamos nos conectar com nosso Pai celestial. A ideia é que nos afastemos das distrações do mundo e encontremos um ambiente propício para nos conectar com Deus de maneira profunda e sincera.

Ao nos retirarmos para nosso quarto e fecharmos a porta, estamos simbolicamente deixando para trás as preocupações externas e nos voltando para a presença de Deus. É um momento de intimidade e comunhão com Ele, em que podemos compartilhar nossos anseios, alegrias, tristezas e necessidades em oração.

Essa prática de orar em segredo demonstra uma confiança e dependência exclusiva em Deus. Não estamos buscando a aprovação ou o reconhecimento dos outros, mas sim a recompensa que vem de nosso Pai celestial, que conhece nossas necessidades mais íntimas.

Deus, que vê em segredo, conhece cada detalhe de nossa vida e anseia por ter um relacionamento próximo conosco. Quando nos entregamos à oração em segredo, revelamos nosso coração a Ele de forma genuína e aberta. E, como prometido por Jesus, nosso Pai celestial nos recompensará, seja com conforto, paz, respostas às nossas orações ou crescimento espiritual.

Essa passagem também nos lembra da importância de equilibrar a vida espiritual com o mundo ao nosso redor. Embora a oração em secreto seja essencial, não devemos negligenciar o serviço e a comunhão. A oração individual nos fortalece e nos conecta com Deus, mas também somos chamados a compartilhar nossa vida em comunidade, buscar o bem-estar dos outros e dar testemunho do amor de Deus.

Portanto, o convite de Jesus é que tenhamos momentos preciosos de oração em segredo, em que possamos nos conectar com Deus em um nível mais profundo. Ao buscarmos esse tempo de intimidade com nosso Pai celestial, seremos recompensados com a Sua presença, consolo e direção em nossa vida.

Os planos de Deus são perfeitos para sua vida, mas, se isso não tem sido uma realidade, o que falta?

Se um dia você acreditou que seus projetos eram grandes demais, se alguém disse que isso não era para você, ou que você não conseguiria, é importante identificar quando você deixou de crer. É preciso arrancar pela raiz esse sentimento de paralisação e ativar a sua fé.

Vamos começar refletindo sobre seus maiores e mais ousados sonhos. Reserve um espaço para escrever cada um deles. Em seguida, relacione os motivos pelos quais você deixou de sonhar ou acreditar que esses sonhos seriam possíveis, como, por exemplo, uma pessoa próxima que costumava dizer que seus sonhos eram grandes demais, ou que você não era inteligente o suficiente, ou talvez uma experiência de falência, ou falta de oportunidades, entre outros obstáculos.

Agora, com sinceridade e amor, é importante avaliar se vale a pena deixar seus sonhos e projetos de lado por esses motivos. Você crê de todo coração que não existe impossível para Deus? Responda com sinceridade.

Além disso, reflita sobre até quando você permitirá que sua vida continue sem propósito e até quando acreditará nas mentiras que o inimigo contou para você. É hora de tomar uma posição e colocar sua confiança plena em Deus, reconhecendo que Ele é capaz de fazer infinitamente mais do que podemos imaginar.

Lembre-se de que os planos de Deus são perfeitos e Ele deseja realizar grandes coisas em sua vida. Permita que Ele seja o centro de seus sonhos, confie em Sua direção e siga em fé, sabendo que Ele está ao seu lado para capacitá-lo e tornar seus sonhos uma realidade. Não deixe que os obstáculos e as vozes negativas impeçam você de avançar. Com Deus, todas as coisas são possíveis.

CAPÍTULO 3

A promessa de Deus em meio às dificuldades

Em Mateus 7:7-11, diz:

> "Se vós, pois, sendo maus, sabeis dar boas coisas aos vossos filhos, quanto mais vosso Pai, que está nos céus, dará bens aos que lhe pedirem?"

Você já se perguntou por que, mesmo sendo conhecido por Deus desde o ventre de sua mãe, enfrenta tantas dificuldades? Por que surgem as dívidas, as doenças, os divórcios, a infertilidade, os fracassos constantes, os vícios, as agressões, a infelicidade e até mesmo a insônia?

Nesses momentos de questionamento, é importante lembrar das palavras de Jesus: "Pedi, e dar-se-vos-á; buscai, e encontrareis; batei, e abrir-se-vos-á". Essa promessa nos revela a resposta para as nossas aflições.

Deus, nosso Pai celestial, está pronto para nos ouvir e responder nossas orações. Ele nos convida a buscar Sua presença e a confiar em Seu cuidado. Assim como nenhum pai daria uma pedra quando seu filho pede pão, ou uma serpente quando pede um peixe, nosso Pai celestial, que é perfeito em bondade, dará coisas boas aos que O buscam.

Mesmo que vivamos em um mundo onde o mal e as dificuldades estão presentes, Deus deseja nos abençoar. Ele conhece as nossas necessidades e tem o poder de transformar qualquer situação. Se, mesmo sendo imperfeitos, conseguimos dar coisas boas aos nossos filhos, imagine o que nosso Pai celestial é capaz de fazer por nós, que somos Seus filhos amados!

Portanto, diante das adversidades, não desanime. Em vez disso, fortaleça sua fé e confiança em Deus. Busque-O em oração, apresente suas necessidades e anseios a Ele. Lembre-se de que Ele é um Pai amoroso, pronto para atender às nossas súplicas.

Ao enfrentar as dificuldades, lembre-se de que Deus está ao seu lado, pronto para lhe dar bênçãos e suprir suas necessidades. Ele é o Deus do impossível, capaz de trazer transformação às áreas que parecem impossíveis de serem mudadas.

Não permita que as circunstâncias negativas e as perguntas sem respostas abalem sua fé. Confie no Deus que é maior do que qualquer problema e que tem o poder de trazer a solução. Continue buscando a presença Dele, acreditando que Ele é o seu provedor e protetor.

Deixe que essa promessa de Deus seja um lembrete constante de que Ele está sempre disponível para ouvir suas orações e transformar sua vida. Confie n'Ele, pois Ele é fiel e cumprirá Suas promessas em sua vida.

Em João 14:12-14, diz:

> "Na verdade, na verdade vos digo que aquele que crê em mim também fará as obras que eu faço e as fará maiores do que estas, porque eu vou para meu Pai. E tudo quanto pedirdes em meu nome, isso farei, a fim de que o Pai seja glorificado no Filho. Se me pedirdes alguma coisa em meu nome, eu o farei."

Ele declara que em Seu nome faremos coisas maiores do que Ele fez. Essa é uma promessa extraordinária e encorajadora para todos nós.

Quando Deus diz "em meu nome", Ele está nos convidando a agir em Sua autoridade, com base em Sua natureza e caráter. Ele nos capacita a realizar feitos notáveis, a superar obstáculos e a alcançar níveis de sucesso que vão além das nossas próprias capacidades.

Essa promessa não é restrita a uma pessoa específica. Ela é direcionada a todos os que creem e confiam em Deus. Não importa quem você é, qual é o seu passado, suas limitações ou circunstâncias, o Senhor está dizendo que você pode fazer coisas maiores em Seu nome.

Ao reconhecer e abraçar essa promessa, somos desafiados a ampliar nossa visão e acreditar que Deus tem grandes planos para nós. Ele nos convida a sonhar grande, a buscar o impossível e a confiar em Sua capacitação divina.

Quando caminhamos em unidade com Deus, alinhando nossa vontade com a d'Ele, Ele nos guia e nos capacita a realizar obras surpreendentes. Ele nos dá sabedoria, discernimento e força para enfrentar os desafios da vida e alcançar um impacto significativo no mundo ao nosso redor.

Portanto, receba essa promessa com fé e confiança. Saiba que Deus está ao seu lado, capacitando-o a realizar coisas além do que você pode imaginar. Permita que o Espírito Santo trabalhe em você, direcionando suas ações e capacitando-o para cumprir o propósito que Deus tem para a sua vida.

Esteja disposto a dar um passo de fé, a buscar a face de Deus e a confiar em Sua provisão e orientação. Lembre-se de que a promessa de Deus é para você e para todos os que creem. Ele deseja usar sua vida de maneira poderosa para Sua glória e para abençoar os outros. Portanto, não limite o que Deus pode fazer através de você, pois em Seu nome, as possibilidades são ilimitadas.

Isaías 45:3-5 nos mostra uma promessa poderosa do Senhor:

> "Dar-te-ei os tesouros escondidos, e as riquezas encobertas, para que saibas que eu sou o Senhor, o Deus de Israel, que te chama pelo teu nome. Por amor de meu servo Jacó, e de Israel, meu eleito, eu te chamei pelo teu nome, pus o teu sobrenome, ainda que não me conhecesses. Eu sou o Senhor, e não há outro; fora de mim não há Deus; eu te cingirei, ainda que tu não me conheças".

Deus está despertando a fé em seu coração neste momento, capacitando você para realizar o sobrenatural em sua vida. Ele depositou em você dons, talentos e habilidades, prontos para serem descobertos e utilizados para a Sua glória.

Acredite que tudo o que você precisa para alcançar seus sonhos e projetos já está dentro de você. Deus tem lhe equipado com as ferramentas necessárias para a jornada que Ele planejou para você. Portanto, não subestime o potencial que habita em seu interior.

É preciso dar o primeiro passo e pedir a Deus por direção e orientação. Confie de todo o seu coração no poder e na fidelidade do Senhor.

Ele está pronto para abrir portas e capacitar você para realizar coisas além da sua própria compreensão.

Não deixe que o medo, a dúvida ou as circunstâncias lhe impeçam de buscar o que Deus tem para você. Tenha coragem de agir, de dar vida aos seus sonhos por meio da fé e da confiança em Deus.

Lembre-se de que a realização dos seus sonhos exige ação. Faça o que for necessário para transformar seus sonhos em realidade. Busque conhecimento, adquira habilidades, conecte-se com pessoas que possam ajudar no seu crescimento e esteja disposto a se esforçar.

À medida que você se compromete com essa jornada, saiba que Deus está ao seu lado, guiando e sustentando você. Ele fará o sobrenatural se tornar natural em sua vida, trazendo à tona as oportunidades, recursos e circunstâncias favoráveis para que você prospere.

Confie em Deus e siga adiante com coragem e determinação. Acredite que Ele tem um propósito específico para a sua vida e que, ao buscar e confiar n'Ele, você experimentará o cumprimento desse propósito de maneira extraordinária.

Portanto, não hesite em pedir a Deus, acreditar em Suas promessas e agir com fé. Esteja aberto para receber o que Ele tem reservado para você e permita que a Sua glória brilhe em sua vida. Deus está pronto para fazer o impossível acontecer por meio de você.

Mas será que apenas sonhar, acreditar e confiar fará o impossível acontecer? Essa é uma pergunta válida, e antes de falarmos sobre os atos proféticos, é importante trazer à consciência algumas formas de autossabotagem que podem estar impedindo as bênçãos de chegarem à sua vida.

Incredulidade

A incredulidade é um obstáculo para experimentar o sobrenatural de Deus. A fé é essencial para agradar a Deus e receber Suas recompensas. Na história de Lázaro, vemos que os discípulos de Jesus, mesmo testemunhando milagres e maravilhas, foram incrédulos diante da promessa de Jesus de que a doença de Lázaro não era para a morte, mas para a glória de Deus. Mesmo diante de inúmeras experiências com Deus, é possível que duvidemos de Suas promessas. Quantos milagres, livramentos e curas Deus já realizou em sua vida? De onde Ele já o tirou? Por que, então, duvidar de Suas promessas? Será que a palavra de um homem tem mais poder do que a palavra de Deus? Não há impossível para Deus. Cada vez que duvidamos e tentamos realizar as coisas com nossos próprios esforços, entristecemos o coração de Deus e questionamos Seus planos e propósitos para nós.

Olhando para exemplos bíblicos como José, Noé, Davi, Abraão e Paulo, vemos como a incredulidade teria afetado a vidas desses homens se eles tivessem desistido de acreditar nos sonhos e promessas de Deus. José não teria se tornado um governante poderoso, a família de Noé não teria sido salva do dilúvio, Davi não teria se tornado um rei segundo o coração de Deus, Abraão não teria se tornado o pai de uma grande nação e Paulo teria perdido a oportunidade de impactar vidas, mesmo na prisão. Esses exemplos nos mostram que, ainda que diante de circunstâncias desafiadoras, é necessário manter a fé e acreditar nas promessas de Deus.

É importante lembrar que Deus opera em Seu próprio tempo, que muitas vezes difere do nosso. Ele nos conhece além do presente e está trabalhando em nossa vida, mesmo quando não percebemos. Portanto, descanse e confie que Ele está no controle e tem planos e propósitos para você. Não se deixe levar pela impaciência ou pela sensação de que Deus se esqueceu de suas orações. Ele é fiel e cumprirá todas as Suas promessas no momento certo.

Acreditar, sonhar e confiar são elementos essenciais, mas também é importante reconhecer e superar a autossabotagem causada pela incredulidade. Aja com fé, declare a palavra de Deus sobre sua vida e esteja disposto a fazer sua parte. Deus honrará sua fé e perseverança. Confie Nele e veja as maravilhas que Ele fará em sua vida.

Dívidas esquecidas e falta de perdão

É essencial lidar com as dívidas do passado, tanto as financeiras quanto as espirituais. O perdão é um princípio importante ensinado nas Escrituras. Em Mateus 6:14-15, Jesus nos lembra da importância de perdoar os outros para recebermos o perdão de Deus. Em 2 Crônicas 7:14, é destacada a necessidade de humildade, da oração e do afastamento dos maus caminhos para alcançarmos o perdão e a cura de Deus.

Não deixe portas abertas para ações legais do inimigo. Decida pagar todas as dívidas do passado, seja em termos financeiros ou em relacionamentos pessoais. Abra a "caixa preta" do seu coração e libere mágoas, ódio, rancor e ressentimentos. Perdoe aqueles que o ofenderam e peça perdão quando necessário. Esses sentimentos tóxicos são os principais causadores da falta de alegria e felicidade, e também podem afetar a saúde física. Eles agem como uma âncora que você carrega aonde quer que vá.

A falta de perdão é o abismo que te separa das promessas de Deus para sua vida.

Faça uma lista das pessoas que você decidiu perdoar e pedir perdão, e faça isso agora mesmo. Decida ser feliz e viver uma vida abundante nesta terra, e o mais importante, herdar a eternidade com seu Pai celestial.

_____

_____

_____

_____

Também relacione as dívidas financeiras que ficaram para trás, as pessoas a quem você deve dinheiro. Retrate-se com elas e assuma o compromisso de pagar, mesmo que seja uma quantia pequena, como R$ 10,00 por mês. O importante é tomar a iniciativa e agir. Assuma essa responsabilidade para buscar a reconciliação e a libertação dessa carga.

_____

_____

_____

_____

Lidando com as dívidas do passado e praticando o perdão, você estará abrindo caminho para uma vida mais plena e alinhada com os princípios de Deus. Liberte-se das amarras do passado e avance em direção à alegria e à paz que vêm de uma vida em harmonia com Deus e com os seus semelhantes.

Pecados ocultos

É importante lidar com os pecados ocultos em nossa vida, pois Provérbios 28:13 nos ensina que quem esconde seus pecados não prospera, mas aquele que os confessa e os abandona encontra misericórdia. A história de Nínive em Jonas 3 também nos mostra o poder do arrependimento e da confissão diante de Deus.

Assim como o rei de Nínive e seu povo, é necessário reconhecer nossos pecados, abandonar os maus caminhos e clamar a Deus com sinceridade. Deus deseja nos perdoar e nos dar uma nova chance. Ele tem planos de paz, amor e bênçãos ilimitadas para nossa vida, tanto aqui na terra quanto na eternidade com Ele.

Por isso, o Senhor trouxe você aqui para lhe dizer: arrependa-se enquanto há tempo. Não espere mais, não hesite. Busque o auxílio de seu pastor ou líder de confiança e confesse seus pecados. A confissão é um sinal de humildade e disposição para mudar. Identifique os pecados que você está disposto a abandonar, aqueles que você tem mantido em segredo, mas que têm sido uma porta de legalidade para o inimigo.

Faça uma lista das pessoas relacionadas aos seus pecados, que você decidiu perdoar e pedir perdão. Liberte-se do peso do pecado, da culpa e da vergonha. Ao tomar essa atitude de humildade e arrependimento, você estará abrindo caminho para experimentar a misericórdia e o perdão de Deus, bem como para estabelecer relacionamentos restaurados com aqueles ao seu redor.

Ao abandonar o pecado oculto e buscar o perdão, você estará dando um passo importante em direção à transformação e à comunhão com Deus. Deixe que a graça e o amor de Deus inundem sua vida, trazendo cura, restauração e um novo começo.

Preguiça e procrastinação

É importante reconhecer a influência negativa da preguiça e da procrastinação em nossa vida. Provérbios 10:4 nos ensina que as mãos preguiçosas empobrecem o homem, enquanto as mãos diligentes trazem riqueza.

Muitas vezes, as pessoas têm a ilusão de que apenas orar resolverá todos os problemas e que as bênçãos cairão do céu. No entanto, Deus tem dificuldade com os preguiçosos. Ele certamente realiza o sobrenatural, mas também espera que façamos a nossa parte no natural.

A palavra "oração" traz em si esse significado: orar + ação. Ou seja, além de orar, é preciso agir.

Um exemplo disso é a criação da terra. Deus criou o mundo com Suas palavras, mas quando foi criar o homem, Ele desceu e o formou com Suas próprias mãos. Isso nos mostra que somos chamados a agir e a sermos diligentes em nossas tarefas e objetivos.

Aqui estão algumas novas atitudes que você pode adotar em direção aos seus objetivos:

Estabeleça metas claras e realistas – defina objetivos específicos e alcançáveis, dividindo-os em etapas menores e estabelecendo prazos realistas.

Desenvolva disciplina e rotina – crie uma rotina diária que inclua tempo dedicado ao trabalho, estudo, descanso e lazer. Seja consistente em cumprir essa rotina e evite a procrastinação.

Supere a autossabotagem – identifique os padrões de autossabotagem que estão impedindo você de agir e se esforçar. Enfrente seus medos e inseguranças, lembrando-se de que você tem capacidade e potencial para alcançar seus objetivos.

Busque o conhecimento e o aprendizado – invista em seu crescimento pessoal e profissional, adquirindo novas habilidades e conhecimentos relevantes para seus objetivos. Isso aumentará sua confiança e capacidade de realizar o que deseja.

Pratique a persistência e a determinação – esteja disposto a enfrentar desafios e obstáculos ao longo do caminho. Não desista facilmente, mas seja persistente na busca pelos seus objetivos.

Lembre-se de que Deus honra a diligência e o esforço. Ao adotar essas novas atitudes e combater a preguiça e a procrastinação, você estará criando um ambiente propício para que as bênçãos e a prosperidade fluam em sua vida.

Falta de honra

A honra é um princípio importante que devemos cultivar na vida. Inclui honrar nossos pais, líderes, autoridades e aqueles que estiveram ao nosso lado nos momentos mais difíceis. Provérbios 18:16 nos ensina que o presente abre o caminho para aquele que o entrega e o conduz à presença dos grandes.

Aqui estão algumas pessoas que você pode escolher honrar a partir de hoje:

Seus pais – reconheça e aprecie o amor, os sacrifícios e o apoio que seus pais lhe deram, ou têm dado a você ao longo de sua vida. Demonstre gratidão e respeito, seja obediente e esteja disponível para ajudá-los quando necessário.

Seus líderes – honre e respeite seus líderes espirituais, mentores, professores e supervisores. Valorize a sabedoria e a orientação que eles oferecem, submeta-se à autoridade deles e esteja disposto a aprender com eles.

Amigos fiéis – reconheça aqueles amigos que estiveram ao seu lado nos momentos mais difíceis. Agradeça-lhes por seu apoio incondicional, pela amizade verdadeira e pela disposição de ajudar quando necessário. Demonstre apreço e esteja presente na vida deles também.

Mentores e conselheiros – se você tem pessoas em sua vida que lhe oferecem orientação e conselhos sábios, honre-os. Valorize o tempo e os recursos que eles investem em você. Ouça atentamente seus conselhos e esteja disposto a aplicá-los em sua vida.

Aqueles que lhe estenderam a mão – lembre-se das pessoas que ajudaram você nos momentos de dificuldade e desespero. Se alguém lhe estendeu a mão quando você estava no fundo do poço, reconheça sua bondade e generosidade. Demonstre gratidão e esteja disposto a retribuir ajudando os outros em necessidade.

Lembre-se de que a honra é um gesto de reconhecimento e respeito. Ao escolher honrar aqueles que merecem, você estará cultivando relacionamentos saudáveis e construindo um ambiente de confiança e apreciação ao seu redor.

Infidelidade conjugal

A infidelidade conjugal é uma violação séria dos compromissos e votos feitos em um relacionamento. É importante entender que a fidelidade vai além do ato físico e também envolve os pensamentos e desejos do coração. Mateus 5:28 nos alerta que aquele que olha para uma pessoa com desejo já cometeu adultério em seu coração.

Aqui estão algumas reflexões e questionamentos para ajudar você a confrontar a infidelidade conjugal:

Autoavaliação – faça uma autoavaliação honesta sobre suas ações, pensamentos e comportamentos. Reflita sobre suas motivações e desejos em relação a outras pessoas fora do seu relacionamento. Reconheça a importância de se manter fiel ao seu cônjuge em todas as áreas da sua vida.

Responsabilidade pessoal – reconheça que suas escolhas e ações têm consequências. Entenda que a infidelidade não apenas prejudica o seu cônjuge, mas também pode causar danos emocionais, financeiros e sociais a você mesmo. Assuma a responsabilidade por suas ações e busque mudança e restauração.

Empatia – coloque-se no lugar do seu cônjuge e imagine como você se sentiria se ele, ou ela, tivesse as mesmas atitudes que você. A infidelidade causa dor e quebra a confiança em um relacionamento. Desenvolva empatia e compreenda o impacto negativo que a infidelidade pode ter no seu cônjuge e no relacionamento como um todo.

Comunicação e compromisso – se você está lutando com tentações ou insatisfações no seu relacionamento, busque uma comunicação aberta e honesta com seu cônjuge. Trabalhem juntos para fortalecer seu relacionamento, identificando áreas de melhoria e comprometendo-se a nutrir o amor, a intimidade e a confiança mútua.

Busque ajuda profissional – se você está enfrentando desafios sérios de infidelidade, é altamente recomendável buscar a ajuda de um conselheiro matrimonial ou terapeuta familiar. Um profissional treinado pode auxiliar na cura, na reconstrução da confiança e no desenvolvimento de estratégias para evitar a infidelidade no futuro.

Lembre-se de que a fidelidade é um valor essencial para a construção de um relacionamento saudável e duradouro. Escolher ser fiel ao seu cônjuge é uma demonstração de amor, respeito e comprometimento mútuo.

Conselhos

A sabedoria de buscar conselhos é destacada em Provérbios 15:22. Reconhecer a importância de ter pessoas ao seu lado para oferecer conselhos e orientação é fundamental para tomar decisões sábias e evitar erros desnecessários. Aqui estão algumas diretrizes para buscar e receber conselhos:

1. Identifique pessoas de confiança, procure pessoas em sua vida que possuam uma base sólida de fé e valores, bem como experiência e sabedoria na área em que você está buscando conselhos. Escolha alguém que você confie e respeite, que esteja disposto a compartilhar seus conhecimentos e experiências para ajudá-lo.

2. Busque conselhos diversificados, não dependa apenas de uma pessoa para aconselhamento. Procure diferentes perspectivas e opiniões, pois isso pode oferecer uma visão mais abrangente da situação e ajudar a tomar decisões mais acertadas.
3. Esteja aberto ao *feedback*, ao buscar conselhos. Esteja disposto a receber um *feedback* honesto, mesmo que seja difícil de ouvir. Esteja aberto a críticas construtivas e considere cuidadosamente os conselhos oferecidos antes de tomar uma decisão.
4. Pese os conselhos com discernimento, pois nem todos serão relevantes ou aplicáveis à sua situação específica. Use seu discernimento para avaliar a validade e a aplicabilidade das sugestões recebidas. Nem todos os conselhos serão adequados para o seu caso, então selecione com sabedoria o que é melhor para você.
5. Ore e busque a direção de Deus, além de buscar os conselhos de outras pessoas. Não se esqueça nunca de buscar a orientação de Deus em oração. Busque a vontade de Deus em suas decisões e peça discernimento para escolher os conselheiros certos.

Lembre-se de que buscar conselhos não é um sinal de fraqueza, mas de sabedoria. Aceite a orientação de pessoas experientes e comprometidas em ajudar você a tomar decisões acertadas em todas as áreas da sua vida.

CAPÍTULO 4

A dinamite

Tudo começou em um culto inspirador na minha igreja local, onde o renomado apóstolo Arão Henrique Xavier ministrou uma poderosa mensagem sobre prosperidade. Naquela época, eu estava passando por uma fase de grande escassez, com diversos processos pendentes e uma sensação de ser constantemente atingida por problemas. Parecia que cada vez que eu estava prestes a alcançar uma vitória, uma onda avassaladora me empurrava de volta. Essa situação de frustração e estagnação me deixava perplexa. Eu orava, jejuava, mantinha uma vida alinhada com os princípios de Deus, mas parecia que as coisas não mudavam. Vale ressaltar que já não orava mais com tanta ousadia e determinação, minha oração parecia estar muito passiva.

Então, durante a ministração do apóstolo, uma fala específica penetrou profundamente em meu coração. Aquelas palavras ardiam como brasas, e minha fé foi instantaneamente elevada a patamares mais altos. Eu saí daquele culto como uma verdadeira dinamite, uma "guerreira" espiritual, pronta para a batalha, determinada a assumir meu papel como filha e herdeira de Deus, revestida de autoridade espiritual. Eu estava pronta para governar sobre todas as circunstâncias que roubavam minha paz e impediam meu progresso.

No final da ministração, o apóstolo Arão Henrique Xavier realizou um ato profético com uma bacia cheia de feijões. Fui tomada por uma urgência desesperada de resolver todas as pendências em minha vida.

Com a mente focada nos lugares que eu planejava visitar e nos atos de fé que ele havia ensinado, pedi a todos ao meu redor que pegassem um punhado generoso de feijões. Eu já havia elaborado uma lista dos lugares que gostaria de visitar, onde depositaria minha fé e ativaria o sobrenatural de Deus. Embora já fosse cristã há mais de 30 anos, nunca havia participado de um ato profético tão intenso. No entanto, estávamos prestes a aprender juntos como realizar esses atos proféticos.

Na manhã seguinte, peguei os feijões e fui a todos os lugares que havia planejado: o Fórum, a Justiça do Trabalho, terrenos que desejava comprar, clientes que gostaria de recuperar e outros que almejava conquistar. Passei pelos meus negócios, pela minha casa e pela igreja, orando fervorosamente e acreditando com todo o meu coração que algo significativo estava acontecendo no mundo espiritual. Ao finalizar o último lugar, enquanto ainda estava dentro do carro, meu telefone tocou. Era um antigo advogado informando o ganho de causa em um processo que estava parado há mais de sete anos, cuja guia para recebimento já estava liberada. Ainda em estado de espanto, olhei para o céu e exclamei: "Pai, como Tu és rápido!" Pouco depois, recebi outra ligação de uma advogada anunciando a vitória em mais um processo. Nesse momento, minha fé se fortaleceu ainda mais, e percebi que esse ato profético realmente funcionava. Por meio de algo tão simples, uma transformação dentro de mim havia acontecido; é como se minha fé sempre estivesse ali, mas adormecida, e de repente ela foi acionada de uma maneira violenta. Não podia guardar essa experiência somente para mim. Eu precisava compartilhá-la.

Naquela época, eu era líder de célula e havia recentemente aceitado o chamado para cuidar de vidas. Tudo era novo e desafiador para mim, mas o desejo de transformar vidas, sonhos e projetos era mais forte do que qualquer vergonha ou receio de ser mal interpretada. Decidi que não poderia viver essa experiência extraordinária sozinha. Na mesma semana, realizei o ato dos feijões com os membros da célula. Embora possa parecer uma ação peculiar para algumas pessoas, eu sabia que o fogo que ardia em meu coração era maior do que qualquer pensamento negativo que pudesse surgir. O desejo de testemunhar Deus agindo e ver as pessoas experimentando milagres superava qualquer acusação ou comentário que alguém pudesse fazer.

Fui além e acrescentei um toque especial ao ato profético. Incluí um holerite em branco, pedindo às pessoas que escrevessem o valor que desejavam ganhar ou o local onde desejavam trabalhar ou abrir uma empresa. Cada pessoa ficava com uma cópia, e eu ficava com a outra para orar diariamente pelos pedidos ali expressos. Os testemunhos de transformação começaram a chegar de todos os lados. Era tão maravilhoso e real que eu sentia uma urgência em compartilhar tudo aquilo.

E exatamente por isso hoje estou aqui, contando esta história para você.

Entenda que o desejo de Deus é que você viva uma vida plena e abundante. Ele anseia revelar segredos ocultos que só são revelados aos que são íntimos Dele. Estamos prestes a embarcar nessa jornada juntos, onde aprenderemos sobre atos proféticos e experimentaremos o poder sobrenatural de Deus se manifestando em nossa vida. Esteja preparado para ser impactado, transformado e capacitado a viver além dos limites da mediocridade e da escassez. O Pai celestial anseia por derramar Suas bênçãos sobre você, para que seja elevado a um novo nível de fé e autoridade espiritual.

∞

CAPÍTULO 5

Busque a presença de Deus

Jeremias 33:3 é um versículo poderoso que traz uma promessa de Deus para o profeta Jeremias e para todos aqueles que invocam o nome do Senhor. Ele diz: "Invoca-me e te responderei, e te revelarei conhecimentos grandiosos e inacessíveis, que não sabes".

Nesse versículo, Deus convida Seu povo a buscar Sua presença, a se aproximar Dele em oração e comunhão. Ele promete responder e revelar coisas grandiosas e inacessíveis, conhecimentos que estão além do alcance humano e que não são conhecidos por si mesmos.

Essa promessa nos mostra o amor e o cuidado de Deus para conosco. Ele não apenas nos convida a buscá-Lo, mas também promete responder e revelar coisas que estão além da nossa compreensão. Quando buscamos a Deus com sinceridade e humildade, Ele nos concede insights e entendimentos profundos, revela verdades que transcendem nossa própria capacidade de compreensão.

Essa passagem nos encoraja a confiar na sabedoria e no conhecimento de Deus. Ela nos incentiva a buscar um relacionamento íntimo com Ele, a orar, a conversar com Ele e a esperar em Sua resposta. Ao fazer isso, somos abençoados com revelações e entendimentos espirituais que nos ajudam em nossa jornada de fé.

É importante lembrar que as respostas e revelações de Deus podem vir de diferentes formas, seja por meio de Sua Palavra, de circunstâncias, de outras pessoas ou pelo Espírito Santo, que habita em nós. É necessário ter um coração aberto e receptivo para discernir e compreender as revelações de Deus em nossa vida.

CAPÍTULO 6

Testemunhos

Eduardo Rizzo
34 anos, casado, pai de um filho, medidor técnico.

Após passar seis meses desempregado, trabalhando apenas em pequenos serviços temporários e enviando currículos para todos os lugares, eu estava descrente. Mas depois de participar de uma célula, em que a Lu realizou um ato profético, algo incrível aconteceu.

Ao sair da célula, passei em frente a uma loja, de uma empresa na qual eu realmente gostaria de trabalhar, e decidi fazer um ato profético jogando vários feijões em direção a ela. Para minha surpresa, no dia seguinte recebi uma mensagem, convidando-me para uma entrevista.

Na primeira etapa, com a supervisora, fui aprovado, mas na segunda etapa, com o proprietário, o nervosismo tomou conta de mim. No entanto, orei e pedi que fosse feita a vontade de Deus. E tudo deu certo.

Assim que terminei a entrevista, o proprietário disse que a vaga já era minha, bastava aguardar o contato do RH. Inicialmente, fui contratado como vendedor de vidros, mas com minha experiência na área, eles me ofereceram uma posição de confiança.

Agora, sou responsável por medir e desenhar projetos para enviar à fábrica, além de supervisionar a instalação.

Após três meses de trabalho, fui chamado para uma conversa e fiquei sabendo que estavam extremamente satisfeitos com meu desempenho, resultando em um aumento salarial.

Hoje, sou grato a Deus, pois esse emprego foi um presente em minha vida. Por meio dele, o Senhor tem me usado para compartilhar Seu amor com meu patrão e alguns colegas de trabalho.

Acredito que os planos de Deus não eram apenas me colocar nessa empresa para melhorar minha situação financeira, mas também para transbordar Seu amor.

Certo dia, meu patrão me contou que cinco anos atrás ele havia comprado um terreno em Limeira e não conseguia obter a aprovação para construir. O fiscal da prefeitura sempre barrava a obra, mesmo quando tudo estava em ordem.

Foi então que relatei a ele sobre o ato profético que havia feito. Fui até o terreno, joguei os feijões e orei no local.

Na mesma semana, consegui agendar uma reunião com o presidente da Câmara. Fomos juntos a essa reunião, meu patrão, eu e o engenheiro responsável pela construção.

Em novembro de 2022, eles realizaram uma nova vistoria, e até o início de janeiro de 2023, poderiam começar a construção da empresa. Glória a Deus! Os feijões foram como "dinamites" que desbloquearam aqueles documentos parados.

Este é o meu testemunho de como Deus operou em minha vida, abrindo a porta do meu emprego e permitindo que eu fosse um instrumento de bênção para outras pessoas. Eu sou grato por Sua fidelidade e bondade em todas as áreas da minha vida. Que Ele seja glorificado por meio de tudo o que faço!

Alexandre Costa
41 anos, divorciado, pai de três filhos, empresário.

Fui à primeira célula liderada pela Lu, movido pela curiosidade e sem muita fé nas pessoas e no Evangelho.

A princípio, só fui porque convidei um amigo e ele disse que iria, então não queria voltar atrás. Durante a célula, a Lu apareceu com esses feijões. Confesso que pensei: "Só faltava essa agora. Essa mulher maluca com esses feijões!" Por educação, peguei alguns para não parecer desinteressado e coloquei no bolso.

Quando cheguei em casa, os feijões caíram do bolso e eu pensei: "A situação não poderia ficar pior!"

Naquela época, eu era um funcionário contratado, mas meu desejo era ter minha própria empresa de automação. Então decidi lançar os feijões em algumas empresas onde eu gostaria de oferecer meus serviços. Além disso, rasguei minha CTPS (Carteira de Trabalho e Previdência Social) e declarei que nunca mais precisaria dela.

Hoje em dia, tenho minha própria empresa, com uma agenda lotada para o próximo ano, e o valor que costumava receber como salário agora é multiplicado por dez.

Eu testemunhei o milagre da ativação da fé, do fogo no coração que a Lu e seu esposo acenderam em mim, fazendo-me sentir o mesmo amor por Jesus.

Voltei a me envolver na adoração e prometo não mais parar. Sinto uma vontade ardente de compor canções para o Senhor, e creio que em breve minhas músicas serão conhecidas.

Este é o meu testemunho de como Deus usou os feijões e a fé para transformar minha vida e realizar meus sonhos.

Sou grato por ter experimentado o poder do agir de Deus e por ser inspirado a buscar uma vida de adoração e serviço ao Senhor. Que Ele seja glorificado em tudo o que faço e que minhas canções possam tocar o coração das pessoas, levando-as a conhecer o amor e a presença de Deus.

Érica Andrade
Casada, mãe de dois filhos, psicóloga.

Desde a minha infância, sofria com a anemia falciforme e a talassemia, enfrentando crises terríveis que me levavam ao hospital, onde eu precisava tomar morfina devido às dores insuportáveis.

A anemia falciforme causava dores intensas por todo o meu corpo em razão do bloqueio do fluxo sanguíneo e da falta de oxigenação nos tecidos.

Eu também sofria de icterícia, palidez, fadiga intensa, infecções, inchaço nos pés, feridas nas pernas, falta de ar e problemas neurológicos e renais. Infelizmente, não existe cura para essa enfermidade.

Durante minha primeira sessão de coaching com a Lu, eu estava na cama, sofrendo com dores alucinantes. Foi então que ela me pediu para segurar um feijão e declarar a minha cura. Além disso, ela me orientou a tomar um copo de água todas as manhãs, declarando que por onde aquelas águas passassem, haveria renovação de células, e que eu já estava totalmente curada.

Com fé no coração, segui suas instruções. Desde aquele momento, nunca mais experimentei qualquer dor. Já se passaram quarenta e cinco dias e, até o momento desta declaração, ainda não fiz novos exames, mas posso afirmar que as dores nunca mais voltaram.

Anteriormente, devido às dores, eu não conseguia trabalhar adequadamente e vivia cancelando compromissos com meus clientes. Hoje, minha agenda está completamente cheia e tenho até um novo consultório. Não tenho mais medo de enfrentar uma nova crise, pois estou totalmente curada.

Agradeço a Deus por ter usado a Lu como instrumento de cura em minha vida.

Essa experiência me mostrou o poder da fé e da declaração em acreditar naquilo que parece impossível. Testemunhar minha cura completa é um testemunho vivo do amor e do poder de Deus. Agora, posso exercer minha profissão com plenitude e ajudar outras pessoas em seu processo de cura e superação.

Que esta história inspire a todos a acreditarem no impossível e confiar no poder de Deus para transformar qualquer situação. Se Ele me curou, Ele pode fazer o mesmo por você.

Élida Fernandes
Casada, psicopedagoga, coordenadora pedagógica e gestora escolar.

Em dezembro de 2021, eu e meu esposo visitamos minha irmã em Limeira e ela nos convidou para participar de uma célula. Aceitamos o convite e fomos.

Naquela noite, a Lu ministrou sobre fé e realizou o ato dos feijões. Naquele momento, tanto eu quanto meu esposo estávamos insatisfeitos com nossos empregos – eu trabalhava havia oito anos no mesmo lugar. Além disso, tinha uma construção parada havia sete anos.

Após a reunião, decidi colocar minha fé em ação. Joguei os feijões no meu local de trabalho em Minas Gerais, onde eu estava empregada naquele momento. Para minha surpresa, uma semana depois, fui demitida, exatamente como eu havia pedido a Deus. Ao mesmo tempo, a construção que estava parada foi retomada.

Recebi uma oferta de trabalho na esquina da minha casa, na área em que eu desejava atuar, e com um salário melhor.

Estou completamente apaixonada pelo que faço. No mesmo dia em que fui demitida, meu esposo também perdeu seu emprego, mas conseguiu fazer uma entrevista em outra empresa e foi contratado imediatamente.

É evidente que somente Deus poderia ter orquestrado todas essas mudanças em nossa vida.

Além disso, decidimos lançar um feijão na casa de uma família que estava passando por grandes dificuldades. Eles enfrentavam brigas, traições e problemas com os filhos. O divórcio parecia ser a única saída aos olhos humanos. No entanto, Deus trouxe restauração para aquele casamento e para o relacionamento com os filhos. Foi um verdadeiro milagre presenciar a transformação dessa família.

Estamos vivendo o poder da fé em ação por meio desse ato profético dos feijões. Sou imensamente grata a Deus por tudo o que Ele tem feito em nossa vida. Essas experiências nos ensinaram a confiar em Deus mesmo diante das circunstâncias mais desafiadoras. Ele é fiel e está sempre pronto para nos surpreender com Seu amor e poder transformador.

Angela Oliveira
Casada, mãe de 3 filhos, funcionária pública.

Eu tinha um desejo fervoroso no meu coração: ver meu genro empregado. Todos os dias, passava em frente a uma empresa e declarava em minha mente que ele trabalharia lá.

Um dia, tomei coragem e entrei disfarçadamente na empresa, determinada a lançar os feijões como um ato de fé.

No momento em que me coloquei dentro do portão, um guarda abriu a porta, pegando-me de surpresa.

Sem saber o que responder, pedi para ir ao banheiro. Foi nesse momento que vi um vaso e, instantaneamente, arremessei os feijões dentro dele.

Após esse acontecimento, encorajei meu genro a entregar seu currículo na empresa. No entanto, quando ele chegou lá, foi informado de que a vaga já havia sido preenchida.

Mas algo extraordinário aconteceu: o entrevistador gostou dele e decidiu abrir uma nova vaga exclusivamente para ele.

Foi um verdadeiro milagre! Deus abriu uma porta sobrenatural porque eu coloquei minha fé em ação. Meu genro foi contratado e continua trabalhando na empresa até hoje.

Essa experiência me ensinou a importância de confiar em Deus e agir com fé, mesmo diante das circunstâncias aparentemente impossíveis.

Eu testemunhei o poder da ativação da fé por meio desse ato profético dos feijões. Estou imensamente grata a Deus por Sua fidelidade e por ter visto o desejo do meu coração se tornar realidade. Ele é um Deus que opera milagres e que abre caminhos onde eles não existem.

Carmem Carreira
Divorciada, mãe de três filhas, aposentada.

Eu havia travado uma batalha jurídica em Brasília por oito longos anos, lutando por uma revisão da minha aposentadoria.

A espera e a incerteza eram constantes companheiras, até que a Lu realizou o ato profético em nossa célula.

No entanto, mesmo após esse poderoso momento, eu ainda me questionava: "Será que preciso mesmo ir até Brasília para resolver essa questão?"

Foi então que meu genro, com sua sabedoria, me disse: "Não, não é necessário. Abra o Google Maps, posicione o feijão simbolicamente sobre Brasília e declare a manifestação da vitória!" Confiei nessa palavra e segui sua orientação.

Era uma quinta-feira quando realizei o ato simbólico, depositando minha fé e confiança nas mãos de Deus.

Para minha surpresa, já na segunda-feira seguinte, recebi uma ligação informando que o valor da revisão havia sido depositado em minha conta bancária. Foi um momento de profunda gratidão e admiração pela fidelidade de Deus.

Sua intervenção foi maravilhosa e eu pude experimentar em primeira mão o cumprimento de Suas promessas.

Essa experiência me ensinou que, mesmo diante das circunstâncias mais desafiadoras, Deus é capaz de agir de maneiras inesperadas e surpreendentes. Ele utiliza atos proféticos, como esse simples gesto com o feijão, para nos mostrar Seu poder e demonstrar que não há limites para Sua intervenção em nossa vida.

Aprendi a confiar n'Ele plenamente, sabendo que Seus planos são perfeitos e Seu tempo é sempre o melhor.

Que este testemunho possa inspirar e encorajar outras pessoas a depositarem sua fé em ação, crendo que Deus é capaz de realizar milagres em todas as áreas da nossa vida. Ele é o Deus do impossível e Seu amor por nós é incomparável.

Que cada um de nós, assim como eu, possa experimentar o cuidado e a provisão divina em todas as situações que enfrentamos. Deus é maravilhoso e digno de toda honra e louvor!

∽

Hamilton Pires
Divorciado, pai de uma filha, vendedor de veículos de grande porte.

Durante uma ministração poderosa da Lu sobre honra e prosperidade, algo extraordinário aconteceu. Ao encerrar sua mensagem, ela conduziu o ato dos feijões, um momento de conexão com o sobrenatural.

Enquanto segurava aqueles feijões em minhas mãos, pude sentir a presença de Deus se manifestando de forma especial. Foi então que Ele falou comigo claramente, sussurrando em meu coração, revelando algo surpreendente: naquela semana, eu venderia cinco caminhões, mesmo após passar mais de um mês sem realizar nenhuma venda.

Inicialmente, considerei que poderia ser apenas um pensamento passageiro, mas logo percebi que era uma mensagem divina destinada a mim.

Movido pela fé, decidi compartilhar essa revelação com a Lu durante uma sessão de coaching. Ela, com sua sabedoria e experiência, me encorajou a registrar essa promessa e acreditar firmemente que, se Deus havia falado, Ele cumpriria o que havia dito.

Assim, obedecendo à sua orientação, escrevi essa promessa em um lugar visível e escolhi confiar plenamente no poder de Deus para realizá-la.

Para minha alegria e espanto, testemunhei o cumprimento dessa promessa divina de forma imediata. Na mesma semana em que Deus me revelou a venda dos cinco caminhões, vi Suas mãos agindo de maneira sobrenatural.

Um por um, os caminhões foram vendidos, exatamente como Ele havia prometido.

Aquele ato de fé, aliado à minha oração e à crença inabalável na palavra de Deus, desencadeou uma sequência de eventos que resultaram em bênçãos incontestáveis.

Essa experiência me ensinou uma valiosa lição: quando confiamos em Deus e agimos de acordo com Sua vontade, Ele age em nosso favor de maneiras que vão além de nossa compreensão.

O ato simbólico dos feijões foi o ponto de partida para o desdobramento de um milagre em minha vida profissional.

Aprendi que a obediência e a confiança inabalável na palavra de Deus são os alicerces para o cumprimento de Suas promessas em nossa vida.

Que este testemunho inspire outros a buscarem uma conexão profunda com Deus, a acreditarem em Suas promessas e agir com fé, mesmo diante das circunstâncias mais desafiadoras.

Que todos possamos experimentar a fidelidade e o poder de Deus, vendo Suas bênçãos se manifestarem em cada área de nossa vida. Deus é fiel e digno de toda adoração e gratidão!

Edmilson Lopes
Casado, pai de quatro filhos, vendedor.

Permita-me compartilhar um momento incrível em minha vida, quando testemunhei o poder de Deus em ação de uma forma sobrenatural. Foi em um domingo, durante um culto ministrado pela Lu, que abordava o tema da honra e prosperidade. Naquele dia, algo extraordinário aconteceu quando segurei os feijões em minhas mãos.

Enquanto a Lu orava por mim, senti uma intensidade divina invadir o meu corpo. Uma sensação de calor abrasador tomou conta de mim, e para minha surpresa, o copinho que continha os feijões começou a derreter literalmente em minhas mãos.

Foi um momento impressionante, mas ao mesmo tempo profundamente emocionante, pois percebi que a presença de Deus estava ali de forma real e poderosa.

Guiado por essa experiência divina, decidi agir de acordo com a fé que ardia em meu coração.

Após sair daquele lugar santo, fui direto a uma casa específica, onde senti a convicção de jogar os feijões e declarar a sua aquisição. Sem entender completamente o que estava acontecendo, mas confiando na obra de Deus em minha vida, lancei os feijões com fé e expectativa.

Para minha admiração e gratidão, apenas duas semanas após aquele ato profético, presenciei o extraordinário. Consegui comprar aquela casa por um valor excepcionalmente baixo, apenas 10% do seu valor real.

Era um verdadeiro milagre que se desdobrava diante dos meus olhos e, eu soube, sem sombra de dúvidas, que Deus havia agido em resposta à minha ativação da fé.

Essa experiência transformadora fortaleceu minha crença na fidelidade e no poder de Deus. Compreendi que, ao obedecer à Sua voz, confiar em Suas promessas e agir com fé, somos capazes de presenciar milagres acontecendo em nossa própria vida.

Essa vivência me ensinou que a ativação da fé é o canal pelo qual Deus manifesta Sua vontade e realiza Seus propósitos em nós.

Que este testemunho possa inspirar outros a confiarem plenamente em Deus, mesmo quando as circunstâncias parecerem incertas ou impossíveis.

Que todos possamos entender que a presença divina é real e ativa, pronta para operar maravilhas em nossa vida, quando nos entregamos completamente a Ele.

Que nossa fé seja ativada, que nosso coração esteja aberto para receber o sobrenatural de Deus e que sejamos testemunhas vivas de Sua fidelidade e poder.

Que o milagre que vivi possa ser um encorajamento a todo aquele que anseia por experimentar a intervenção divina em sua vida.

Deus é maravilhoso e digno de toda a honra e louvor!

Mayane Fernandes Xavier
Líder de vendas, casada com
Eduardo Gustavo Fernandes de Sousa
Auxiliar de produção.

Permita-me compartilhar um testemunho extraordinário que eu e meu esposo vivenciamos juntos, em que testemunhamos o poder de Deus manifestando-se de forma surpreendente em nossa vida.

Há algum tempo, nutríamos o desejo de adquirir um carro, e apresentamos esse desejo diante de Deus, colocando-o em nosso tameion (quarto de oração). Com determinação, juntamos dinheiro para a entrada, mas enfrentamos dificuldades ao buscar a aprovação do financiamento.

Durante seis longos meses, passamos por um processo de tentativas frustradas, parecendo que o sonho do carro próprio estava cada vez mais distante.

Foi em um culto especial, no qual ocorreu um ato profético envolvendo feijões, que encontramos a faísca de esperança para o nosso desejo. Levamos aquele feijão para casa e o colocamos no nosso tameion, simbolizando a entrega do nosso projeto nas mãos de Deus.

Apesar das adversidades que enfrentávamos, decidimos manter a fé, mesmo quando a esperança começava a fraquejar.

Em meio a essa jornada, meu esposo chegou a desistir do sonho, mas em um domingo, algo sobrenatural aconteceu em nossa vida. Olhei para ele e perguntei: "Qual carro você gostaria que fosse nosso?" Ele respondeu humildemente: "Qualquer carro que pudermos comprar está ótimo".

Foi então que decidi orar e compartilhar com Deus o desejo específico do meu coração: "Senhor, eu quero um Uno, branco, de quatro portas, se possível".

Com apenas um feijão em minha bolsa, fomos à concessionária. Ao chegarmos lá, nos deparamos com diversos carros brancos, e no meio deles, havia apenas um Uno, branco e com quatro portas.

Sabíamos instantaneamente que aquele carro estava reservado para nós. Ao analisar o veículo, ficamos surpresos com o excelente estado de conservação e o fato de ser praticamente novo, do ano de 2019. Tínhamos a certeza de que era o carro que buscávamos, mas a ficha não batia, pois o financiamento ainda não estava garantido.

Foi nesse momento crucial que o vendedor nos perguntou se queríamos tentar mais uma vez. Com fé renovada, nos erguemos, lançamos o feijão em direção ao carro e começamos a orar fervorosamente ao redor dele, declarando que aquele carro seria nosso, que se fosse a vontade de Deus, sairíamos dali com a nossa bênção e nada iria reter aquilo que Deus havia preparado para nós.

E então, veio a resposta do vendedor, com uma expressão de espanto: "Olha, é de Deus, porque deu certo!" As palavras dele ecoaram em nossos ouvidos e em nosso coração, confirmando que aquele era um verdadeiro milagre divino. Sentimos a presença de Deus de forma real e tangível naquele momento.

No entanto, as bênçãos não pararam por aí. Decidi levar alguns feijões para a empresa onde trabalho, pois compreendi que, para prosperar individualmente, era importante que a empresa também prosperasse.

Com fé, joguei os feijões no local, simbolizando a minha confiança em Deus para trazer abundância e sucesso. O que se seguiu foi um ano histórico de vendas.

Testemunhei um notável aumento na solidariedade das pessoas ao meu redor, aqueles que antes não demonstravam afeto agora davam abraços, os que não se importavam em trocar um simples cumprimento, hoje me permitem compartilhar sobre Deus com eles.

Em todas as áreas da minha vida, tenho experimentado o extraordinário poder de Deus.

Este testemunho é uma lembrança constante de que Deus é fiel em cumprir Suas promessas, mesmo quando as circunstâncias parecem desafiadoras ou impossíveis.

Nosso relato é um testemunho vivo de que, quando confiamos em Deus, lançando nossas preocupações a Ele, e agimos com fé, Ele é capaz de transformar situações e nos surpreender com bênçãos inimagináveis.

Que esta história inspire a todos que a ouvirem a confiar plenamente em Deus, a depositar seus sonhos e desejos em Suas mãos, e a ativar a fé para testemunhar o extraordinário em sua vida.

Que cada coração seja encorajado a perseverar nas promessas de Deus, sabendo que Ele é capaz de fazer infinitamente mais do que podemos pedir ou imaginar.

Agradecemos a Deus por Sua fidelidade e por nos permitir compartilhar essa experiência transformadora.

Que Sua glória seja manifestada em todas as áreas da nossa vida e que Seu nome seja exaltado para sempre!

Luciano Macedo
Motorista, casado com Thainá Macedo, personal organizer, pai de quatro filhos.

Gostaria de compartilhar um testemunho incrível sobre a provisão e a fidelidade de Deus em nossa vida, enquanto buscávamos uma casa para alugar. As condições eram desafiadoras, pois as casas que estavam dentro de nosso orçamento eram pequenas e não atendiam às necessidades de nossa família, com quatro filhos.

Procuramos incansavelmente, mas não encontrávamos a casa ideal. Até que, um dia, nos deparamos com uma casa maravilhosa, com cômodos amplos, garagem e uma localização privilegiada, exatamente o que desejávamos.

No entanto, o valor do aluguel estava além de nossas possibilidades financeiras. Além disso, eu estava com restrições no nome e sem registro na carteira de trabalho, o que tornava a situação ainda mais complicada.

Apesar das circunstâncias adversas, decidimos pegar a chave da casa e, junto com os feijões, visitá-la. Foi como se uma chuva de feijões invadisse todos os cômodos, o telhado e a garagem. Declaramos com fé que tudo daria certo, acreditando que somente Deus poderia realizar o impossível.

Enviamos uma proposta dentro do nosso limite financeiro, juntamente com a ficha que mostrava minha restrição no nome. Para nossa surpresa e alegria, apenas três horas depois, recebemos uma mensagem informando que poderíamos assinar o contrato. Glória a Deus!

Esse não foi o único momento em que experimentamos a manifestação do poder de Deus em nossa vida.

Em outro episódio, peguei meu holerite e coloquei nele o valor que gostaria de receber mensalmente.

Olhando para a minha realidade atual, parecia algo impossível, sem nenhuma possibilidade de acontecer. No entanto, movido pela fé, já visualizava aquele valor sendo depositado em minha conta.

Algum tempo depois, Deus colocou em meu coração a direção para fazer um jejum. Obedeci a essa instrução divina e, para minha surpresa, Ele abriu uma porta onde jamais poderia imaginar.

Hoje, recebo exatamente o valor que coloquei no holerite. E, movido pela fé e confiança em Deus, já estabeleci um novo objetivo com o dobro do valor, crendo que as portas já estão abertas para essa nova conquista.

Este testemunho é uma poderosa demonstração de que Deus é fiel e que Ele supre todas as nossas necessidades, mesmo quando as circunstâncias parecem impossíveis.

Nosso encorajamento a todos é que confiem em Deus, declarem Suas promessas e acreditem que Ele é capaz de realizar o impossível em sua vida também.

Que cada um de nós esteja disposto a dar um passo de fé, mesmo quando tudo parece contrário, pois é nesse momento que a manifestação do poder de Deus se torna evidente.

A Ele seja toda a honra, glória e louvor pelos milagres que realizou e continua realizando em nossa vida.

Que este testemunho inspire e encoraje a todos que o lerem. Que vocês sejam abençoados e fortalecidos em sua fé, sabendo que servimos a um Deus que é capaz de fazer infinitamente mais do que tudo o que pedimos ou pensamos, de acordo com o Seu poder que opera em nós.

Alysson Pinto Pereira
Auxiliar de produção.

Gostaria de compartilhar um testemunho impactante sobre a libertação de um vício que me acompanhou por longos 18 anos: o hábito de fumar.

Tive a oportunidade de participar de um culto onde a Pastora Lu estava ministrando sobre a ativação da fé. Naquele momento, eu estava decidido a mudar e buscar a liberdade desse vício que me acorrentava.

Ao final do culto, a Pastora Lu conduziu um ato profético com os feijões. Sem hesitar, peguei um dos feijões e, movido por uma fé sincera, tomei a decisão de engoli-lo, fazendo um voto com Deus de nunca mais fumar.

Lembro-me de que meu pastor, surpreso com minha ação, gritou para que eu não o comesse. No entanto, eu me inspirei na história da mulher que sofria com um fluxo de sangue e que, mesmo enfrentando obstáculos e rejeição, conseguiu se aproximar de Jesus e obteve a cura instantânea.

Assim como ela, eu decidi fazer o improvável, ativei minha fé e me entreguei totalmente a Jesus.

Foi nesse momento de entrega e fé inabalável que experimentei uma verdadeira transformação.

Deus, em Sua infinita misericórdia, me libertou por completo da escravidão do vício do tabaco.

Hoje, posso testemunhar com alegria e gratidão que estou totalmente liberto e curado desse mal que me acompanhou por tantos anos.

Rendo toda honra e glória a Jesus, que é o único capaz de realizar milagres e trazer libertação verdadeira.

Se você está passando por uma situação semelhante, seja qual for o vício ou luta em sua vida, encorajo você a ativar sua fé, olhar para Jesus e confiar que Ele tem o poder de libertar e transformar você completamente.

Que meu testemunho seja um lembrete de que, com Deus, todas as coisas são possíveis e que Ele está pronto para ajudar você a vencer qualquer batalha.

Que esta história de libertação inspire e fortaleça sua fé, mostrando que não há limites para o poder de Deus. Ele está ao seu lado, pronto para agir em sua vida e conduzir você a uma vida de plenitude, liberdade e propósito.

Acredite, ore e confie, pois o mesmo Deus que realizou esse milagre em minha vida está pronto para realizar grandes coisas em sua vida também.

Webert Daniel de Souza
Solteiro, pai de um filho, segurança.

Gostaria de compartilhar com vocês um testemunho impactante que vivenciei. No ano de 2021, participei de uma célula ministrada pela pastora Luciane, na qual o tema abordado foi a fé e como aplicá-la em nossa vida.

Naquele encontro, a pastora nos apresentou os feijões como um ato profético para semear a fé em nosso coração.

Naquele momento, eu tinha algumas questões pendentes em minha vida. Havia uma causa trabalhista que se arrastava por sete longos anos aqui na cidade de Limeira.

Além disso, eu almejava obter uma linha de crédito junto ao banco para realizar determinados projetos. Também estava enfrentando uma dívida contraída no Banco Itaú durante a pandemia, para manter um comércio que possuía.

Após o culto, saí com aqueles feijões em minhas mãos e decidi agir com ousadia.

Dirigi-me ao Fórum da cidade e profetizei com fervor, espalhando os feijões na frente do lugar. Em seguida, dirigi-me ao Banco Santander, onde declarei minha fé e joguei feijões pela calçada, crendo que Deus estava agindo em meu favor. Por fim, visitei o Banco Itaú e mais uma vez profetizei, lançando os feijões.

Dias se passaram e algo surpreendente aconteceu. Recebi uma enxurrada de boas notícias. A Justiça do Trabalho liberou parte do dinheiro que eu tinha para receber, uma quantia considerável que fez diferença em minha vida.

Além disso, o Banco Santander concedeu a linha de crédito que eu tanto almejava, abrindo portas para a realização de meus projetos.

Como se não bastasse, também recebi um dinheiro proveniente de um trabalho de corretagem que eu havia realizado, o que me permitiu quitar a dívida que possuía com o Banco Itaú.

Essas bênçãos que se manifestaram em minha vida são frutos da fidelidade de Deus. Tudo isso aconteceu para honra e glória do nosso Senhor Jesus.

Os testemunhos continuam chegando, pois Deus é fiel em cumprir Suas promessas.

Quero encorajar a todos a exercerem sua fé de maneira audaciosa, confiando que Deus é capaz de agir poderosamente em todas as áreas de sua vida.

Que esta história de superação e provisão inspire você a confiar no poder de Deus. Não importa quais desafios você esteja enfrentando, saiba que Ele é capaz de transformar situações impossíveis em realidades concretas.

Ative sua fé, declare as promessas de Deus sobre sua vida e veja o Seu poder se manifestar. Que o meu testemunho seja mais uma prova do amor e cuidado do nosso Deus que jamais falha.

∞

CAPÍTULO 7

Minha fé inabalável

Sou uma pessoa com a fé elevadíssima, acredito em Deus de todo meu coração e creio que TODAS as coisas cooperam para o bem daqueles que amam a Deus e foram chamados segundo o Seu propósito.

Minha vida é um milagre, meu casamento é um milagre, meus filhos são milagres, minhas empresas são milagres; já vi a viola em cacos muitas vezes, mas sempre Papai esteve ali do meu ladinho, me livrando e mostrando que sou TOTALMENTE dependente d'Ele.

Meu segundo livro, *Não desista dos seus filhos*, traz toda minha história de vida e meus milagres. Eu me tornei mãe aos 14 anos de idade, do meu primogênito Bruno; tive algumas complicações e quase parti. Anos depois, Bruno, já com 17 anos, sofreu um acidente e Deus o livrou de ficar tetraplégico.

Tive minha segunda filha, Valentina, após 18 anos sem ovular, contrariando o diagnóstico de dois médicos e a própria medicina, pois aos olhos humanos era impossível, porém, como disse, minha fé é inabalável. Mas essa história está em meu outro livro, *Não desista dos seus filhos*.

O pedido de Deus para a escrita deste livro

Um dia, enquanto eu me dirigia ao trabalho, ouvi a voz de Deus falando diretamente ao meu coração. Ele me pediu para escrever um livro sobre a ativação da fé, enfatizando que as pessoas haviam deixado de crer n'Ele.

Era uma época pós-pandemia – o covid-19 tinha abalado o mundo por dois anos, marcados por muitas tragédias, quando o dinheiro não foi capaz de resolver absolutamente nada, e milhares de pessoas de diferentes classes sociais, raças, línguas, tribos e nações, perderam a vida inesperadamente.

Muitas coisas aconteceram, empresas com anos no mercado faliram, inclusive a minha, depois de 23 anos de história.

Ele me falou sobre o fato de que muitos buscavam soluções em todos os lugares, em remédios, em outras pessoas, chegando ao ponto de se desesperarem e tirarem a própria vida, imaginando que nada mais poderia ser feito.

As pessoas passaram a olhar somente para o que os olhos conseguiam ver, acreditando somente nas más notícias e depositando sua confiança em coisas palpáveis, acessíveis e humanas, procurando profissionais, confiando no governo etc.

No entanto, elas se esqueceram de acreditar n'Ele, que é o mesmo ontem, hoje e será eternamente; de entender que Ele é a primeira opção e não a última, e que NADA é impossível para Ele.

Deus é especialista em milagres, em recomeços, em restaurações, independentemente da área ou do tamanho do problema. Nem mesmo a morte foi capaz de detê-lo, pois toda vez que a morte passou por Jesus, ela perdeu e houve renascimento.

Deus me revelou que Ele tem tantas bênçãos para entregar aos Seus filhos amados e que Seu prazer é abençoá-los.

Naquele momento, eu argumentei com Deus, dizendo: "Deus, eu não sei escrever, acho que pediu para a pessoa errada", mas Ele me respondeu que essa era exatamente a razão pela qual havia me escolhido. Não se tratava do meu conhecimento ou habilidade, mas sim d'Ele. O livro traria instruções não sobre mim, mas sobre Ele.

Foi então que uma pessoa especial, que Deus usou como instrumento, disse para que eu subisse ao monte, pois era lá que Ele iria falar o que desejava entregar aos Seus filhos.

E assim, nos dias 24 e 25 de dezembro de 2022, fui para uma fazenda de amigos queridos, e lá me retirei; era apenas Deus e eu, escrevendo este livro para você, que de alguma maneira também foi conduzido por Deus para adquiri-lo, pois Deus tem grandes coisas para fazer em sua vida; existe uma brasa aí dentro, sedenta, precisando de mais combustível.

Eu queria enfatizar que você, amigo(a), é um(a) filho(a) escolhido(a) por Deus. Ele ama você incondicionalmente e criou você com um propósito único. Você foi desenhado(a) para fazer a diferença nesta geração.

Nem olhos viram, nem ouvidos ouviram, nem jamais chegou ao coração do homem o que Deus tem preparado para aqueles que O amam, como está escrito em I Coríntios 2:9.

Deus surpreenderá você e a todos ao seu redor com milagres, prodígios e maravilhas que Ele realizará por meio da sua vida, tudo para que Seu nome seja glorificado. Você é um instrumento nas mãos de Deus para manifestar o Seu poder e amor neste mundo. Tenha fé, confie Nele e esteja preparado(a) para testemunhar o extraordinário em sua jornada.

Que a história da sua vida seja um testemunho vivo do cuidado e poder de Deus, inspirando outros a também confiarem n'Ele e experimentarem o Seu amor transformador.

Você é amado(a) e não está sozinho(a), pois Deus está sempre ao seu lado, guiando, protegendo e capacitando você para realizar grandes coisas em Seu nome.

∞

CAPÍTULO 8

Seja comandante

Nem mesmo a morte foi capaz de deter Jesus, pois Ele sempre a venceu. Todas as vezes em que a morte cruzou Seu caminho, ela foi derrotada. Essa demonstração de poder e triunfo sobre a morte é um exemplo definitivo do que a fé pode realizar.

Em Hebreus 11:1, a Palavra reforça a importância da fé como um firme fundamento para aquilo que esperamos, mesmo quando não vemos evidências tangíveis. A fé é apresentada como a prova das coisas que não se veem, permitindo que acreditemos na existência daquilo que ainda não se manifestou.

Em Gênesis 1:26-27, vemos como Deus cria o homem à Sua imagem e semelhança, concedendo-lhe autoridade sobre todas as criaturas da terra. Essa passagem ressalta a posição privilegiada do ser humano como filho de Deus, capacitado para exercer domínio sobre seu ambiente e sobre as circunstâncias da vida.

Em relação às situações desafiadoras, é importante dar um comando a elas.

Essas afirmações de autoridade representam uma mudança de mentalidade e uma entrega do controle das circunstâncias a Deus. Ao assumir o governo da própria vida, você reconhece que está confiando em Deus para transformar a realidade e impactar positivamente sua vida.

Ressalto que trazer à existência aquilo que não existe como se já existisse é um princípio fundamental da fé. É um convite para que você se posicione diante das adversidades, declarando palavras de poder e autoridade, confiando que Deus agirá em seu favor.

Esse posicionamento de fé e autoridade leva à libertação e à superação das dificuldades, permitindo que você experimente uma vida plena e alinhada com o propósito de Deus. Ao rejeitar o domínio das adversidades e assumir o governo pessoal, você se torna um instrumento nas mãos de Deus para manifestar milagres, prodígios e maravilhas, trazendo glória ao Seu nome.

A partir de agora, estabeleça um comando sobre cada possível situação que possa estar dominando sua vida.

Olhe para essa situação de deserto e dê um comando a ela neste momento.

Veja estes exemplos:

Depressão, você não tem mais domínio sobre minha vida, eu a rejeito e não a aceito mais. A partir de agora, eu assumo o governo da minha vida!

Medo, você não tem mais domínio sobre minha vida, eu o rejeito e não o aceito mais. A partir de agora, eu assumo o governo da minha vida!

Pânico, você não tem mais domínio sobre minha vida, eu o rejeito e não o aceito mais. A partir de agora, eu assumo o governo da minha vida!

Vício, você não tem mais domínio sobre minha vida, eu o rejeito e não o aceito mais. A partir de agora, eu assumo o governo da minha vida!

Agressividade, você não tem mais domínio sobre minha vida, eu a rejeito e não a aceito mais, a partir de agora, eu assumo o governo da minha vida!

Falência, você não tem mais domínio sobre minha vida, eu a rejeito e não a aceito mais. A partir de agora, eu assumo o governo da minha vida!

Doença, você não tem mais domínio sobre minha vida, eu a rejeito e não a aceito mais. A partir de agora, eu assumo o governo da minha vida!

Divórcio, você não tem mais domínio sobre minha vida, eu o rejeito e não o aceito mais. A partir de agora, eu assumo o governo da minha vida!

Vontade de morrer, você não tem mais domínio sobre minha vida, eu a rejeito e não a aceito mais. A partir de agora, eu assumo o governo da minha vida!

Infertilidade, você não tem mais domínio sobre minha vida, eu a rejeito e não a aceito mais. A partir de agora, eu assumo o governo da minha vida!

Insônia, você não tem mais domínio sobre minha vida, eu a rejeito e não a aceito mais. A partir de agora, eu assumo o governo da minha vida!

Ciúmes, você não tem mais domínio sobre minha vida, eu o rejeito e não o aceito mais. A partir de agora, eu assumo o governo da minha vida!

Esses foram alguns exemplos, mas dê o comando sobre a situação que você está enfrentando, diante da qual você decidiu se posicionar hoje.

CAPÍTULO 9

O medo e a fé

Compreenda que quando você sonhava e planejava, Deus estava ao seu lado em cada passo. Ele nunca o abandonou nem deixaria você sonhar para se frustrar. Ele é seu Pai amoroso, e tem prazer em abençoar você. Deus não mudou; foi você quem desistiu. Hoje, Ele está chamando você de volta para sonhar novamente, pois Ele, seu Deus e Pai, ainda realiza sonhos. Ele é especialista em recomeços e em operar milagres. Tudo o que você precisa fazer é agir naturalmente, pois o sobrenatural é obra Dele!

Perceba que tanto o medo quanto a fé têm algo em comum: ambos nos fazem acreditar em algo que não podemos ver, mas que pode acontecer.

O medo diz que as pessoas têm razão ao acreditar que você nunca será bem-sucedido, que você é igual aos seus pais. No entanto, a fé proclama que você é mais do que vencedor e que essa batalha já está ganha.

O medo sussurra que a economia está em um estado terrível e que você está destinado à falência. Mas a fé afirma que Deus o fará prosperar mesmo no caos, porque as pessoas precisam daquilo que você tem para oferecer.

O medo insiste que você nunca será feliz e que a infelicidade é seu destino. No entanto, a fé declara que Jesus veio para que você tenha vida em abundância e encoraja você a continuar seguindo em frente, sem desistir.

Você não precisa se deixar levar pelo medo e pela descrença. Deus está presente em sua vida, pronto para realizar maravilhas e transformar seu caminho.

Ele está chamando você para voltar a sonhar, para confiar em Sua fidelidade e acreditar que Ele tem o melhor para você. Não importam as circunstâncias ao seu redor, Deus é capaz de fazer o impossível acontecer. Portanto, mantenha-se firme na fé, deixe que o medo seja substituído pela confiança em Deus e continue a perseguir seus sonhos sabendo que você é amado, apoiado e capacitado pelo Pai.

Deus diz: "Eu vim para que tenham vida e vida com abundância", portanto, continue, não pare!

∞

CAPÍTULO 10

Transformando pensamentos e sentimentos tóxicos

No capítulo anterior, falamos sobre a importância da fé e como nossos pensamentos e crenças podem moldar nossa realidade. Agora, vamos explorar mais a fundo a influência dos pensamentos e sentimentos tóxicos em nossa vida e como podemos substituí-los por pensamentos e sentimentos saudáveis.

A poderosa relação entre pensamentos e realidade

Como afirmado em Provérbios 23:7, "Assim como deseja em sua alma, assim você é", nossos pensamentos têm o poder de moldar nossa realidade. Se passarmos o dia todo pensando em algo negativo, alimentando o medo, a angústia ou a preocupação, esses pensamentos ganham força e podem se manifestar. Jó, um homem justo, experimentou isso quando confessou:

"O que eu temia veio sobre mim" (Jó 3:25).

Seus temores se tornaram realidade devido à importância que ele deu a eles em seus pensamentos.

A natureza autorrealizável das crenças

Todas as nossas crenças são autorrealizáveis. Elas se formam a partir do que vemos, ouvimos, sentimos e acreditamos.

Por exemplo, uma mulher que constantemente teme ser traída, e passa o dia pensando nisso, está criando uma realidade em que a traição se torna uma possibilidade. Portanto, se as crenças são autorrealizáveis, por que escolher o medo, a dor, o pânico, o ressentimento, a mágoa, a reclamação, a ingratidão, a raiva, o ódio, a incerteza, a insegurança, a dúvida, a preguiça e a procrastinação? O que esses sentimentos tóxicos trazem de bom para nossa vida?

Substituindo pensamentos e sentimentos tóxicos

É hora de repensar nossos padrões de pensamento e substituir os sentimentos tóxicos por pensamentos e sentimentos bons e saudáveis. Vamos fazer um exercício prático: relacione todos os pensamentos e sentimentos tóxicos que você geralmente tem e, ao lado, substitua-os por pensamentos e sentimentos positivos. Por exemplo:

Medo: substitua-o por *coragem e confiança.*

Ressentimento: substitua-o por *perdão e compaixão.*

Mágoa: substitua-a por *cura e reconciliação.*

Reclamação: substitua-a por *gratidão e apreciação.*

Insegurança: substitua-a por *autoconfiança e amor-próprio.*

Raiva: substitua-a por *compreensão e paz interior.*

Preguiça: substitua-a por *motivação e produtividade.*

Procrastinação: substitua-a por *disciplina e ação.*

Esses foram alguns exemplos, mas somente você sabe quais são os sentimentos que o acompanham no dia a dia, então, se houver mais alguns, relacione-os aqui.

_____

_____

_____

_____

A forma como pensamos e sentimos impacta diretamente a nossa realidade. Ao reconhecer e substituir os pensamentos e sentimentos tóxicos por pensamentos e sentimentos saudáveis, podemos transformar a vida de maneira positiva. Lembre-se de que você tem o poder de escolher seus pensamentos.

∞

CAPÍTULO 11

Declarações diárias para transformar a vida

Aqui vamos explorar o poder das declarações diárias e como elas podem transformar nossa vida. Ao pisar no chão a cada novo dia, convido você a declarar as bênçãos do Senhor sobre todas as áreas da sua vida, incluindo família, saúde, mente, alma e negócios. Vamos descobrir o impacto positivo que essas declarações podem ter e como elas podem nos ajudar a nos alinhar com a vontade de Deus.

O poder das palavras

As palavras têm um poder tremendo. Elas têm o poder de construir ou destruir, de abençoar ou amaldiçoar. Ao declarar as bênçãos do Senhor sobre sua vida diariamente, você está ativando o poder das palavras em sua vida. Lembre-se de que você foi criado à imagem e semelhança do Criador e que suas palavras têm o poder de criar a realidade que você deseja ver.

Afirmações positivas

As afirmações positivas são poderosas ferramentas para reprogramar nossa mente e nossas crenças. Ao repetir essas declarações diariamente, você está fortalecendo suas convicções e direcionando sua mente para o que é bom e positivo. Lembre-se de que você é um filho de Deus, próspero, criativo, herdeiro de Suas promessas e capaz de conquistar seus maiores projetos.

Merecimento e gratidão

É essencial reconhecer e afirmar que você merece todas as bênçãos que deseja em sua vida. Acredite que você merece ser amado, ter uma família linda, ser próspero, ter saúde, realizar seus sonhos e muito mais. Além disso, cultive uma atitude de gratidão por tudo o que você já tem e pelas bênçãos que estão por vir. A gratidão atrai mais coisas boas para a sua vida.

Propósito e impacto

Reconheça que você tem um propósito único e que sua vida pode fazer a diferença na vida de outras pessoas. Ao se conectar com as pessoas certas e compartilhar o que você carrega, você estará ativando seu propósito e impactando positivamente o mundo ao seu redor. Lembre-se de que você tem uma voz poderosa e não deve se calar, pois alguém precisa do que você tem a oferecer.

Ao fazer declarações diárias positivas e alinhadas com a vontade de Deus, você está ativando o poder transformador das palavras em sua vida. Lembre-se de que você é um ímã de bênçãos, um multiplicador de riquezas, um ativador de fé e um canal de luz por onde passa. Acredite em seus sonhos, mantenha-se grato e conecte-se com o propósito maior de sua vida. Suas palavras têm o poder de moldar sua realidade e ajudá-lo a viver uma vida abundante e significativa.

Declarações poderosas para fazer diariamente

Eu sou imagem e semelhança do Criador.

Eu sou um(a) filho(a) amado(a) e aceito(a) por Deus.

Eu sou próspero(a) em todas as áreas da minha vida.

Eu sou criativo(a) e encontro soluções inovadoras.

Eu sou herdeiro(a) das promessas de Deus.

Eu sou habilidoso(a) e capaz de realizar grandes feitos.

Eu sou generoso(a) e compartilho minhas bênçãos com os outros.

Eu sou feliz e escolho ver o lado positivo em todas as situações.

Eu sou amoroso(a) e expresso meu amor em todas as minhas relações.

Eu sou lindo(a) tanto por dentro quanto por fora.

Eu sou carinhoso(a) e demonstro afeto às pessoas ao meu redor.

Eu sou saudável e cuido bem do meu corpo.

Eu sou grato(a) por todas as coisas boas em minha vida.

Eu sou fiel aos meus princípios e compromissos.

Eu sou confiável e as pessoas podem contar comigo.

Eu sou bem-sucedido(a) em tudo o que me proponho a fazer.

Eu uso a minha melhor versão em tudo o que faço.

Eu amo meu(minha) cônjuge e construímos um relacionamento maravilhoso.

Eu sou sábio(a) e tomo decisões inteligentes.

Eu sou forte e enfrento os desafios com coragem.

Eu sou abençoado(a) e recebo as bênçãos de Deus em minha vida.

Eu sou incrível e tenho o poder de alcançar grandes conquistas.

Eu sou capaz de conquistar meus maiores projetos e sonhos.

Eu mereço ser amado(a) e receber amor em abundância.

Eu mereço ser próspero(a) financeiramente e desfrutar de abundância.

Eu mereço ter uma família linda e harmoniosa.

Meu casamento é maravilhoso e cheio de amor.

Eu mereço ter férias relaxantes e momentos de descanso.

Eu mereço ter a casa dos meus sonhos, um lugar acolhedor e inspirador.

Eu mereço ter a empresa dos meus sonhos, alcançando sucesso e impacto.

Eu mereço ter o carro dos meus sonhos, uma manifestação do meu estilo de vida.

Eu mereço perdoar e liberar qualquer ressentimento que me prende.

Eu mereço ser próspero(a) em todas as áreas da minha vida.

Eu mereço ser saudável e cuidar do meu bem-estar.

Eu transbordo o que tenho de melhor para o mundo ao meu redor.

Eu sou privilegiado(a) e atraio bênçãos em todas as áreas da minha vida.

Eu sou um multiplicador de riquezas e prosperidade para mim e para os outros.

Eu sou um(a) ativador(a) de fé, inspirando e encorajando aqueles ao meu redor.

Minhas próximas gerações serão abençoadas e herdarão minha prosperidade.

Eu sou altamente favorecido(a) e atraio oportunidades extraordinárias.

Eu mereço ser amado(a) e receber relacionamentos saudáveis e significativos.

Eu mereço ter uma vida abundante, cheia de felicidade e realizações.

Eu tenho muita sorte e as bênçãos me acompanham.

Eu tenho tempo suficiente para realizar todos os meus sonhos e objetivos.

Eu me conecto com as pessoas certas que me ajudam a crescer e prosperar.

Eu mereço prosperar em todas as áreas da minha vida, seja pessoal ou profissional.

Eu sou muito grato(a) por todas as bênçãos em minha vida.

Eu sou luz por onde passo, espalhando positividade e inspiração.

Eu sou guiado(a) por Deus em cada passo do meu caminho.

Meus sonhos são reais e eu os trago à existência com determinação e fé.

Eu falo muito bem em público e transmito minha mensagem com clareza e confiança.

Não vou me calar, pois alguém precisa do que eu carrego em meu coração.

Meu propósito transforma a vida das pessoas, trazendo esperança e inspiração.

Lembre-se de repetir essas declarações diariamente, com convicção e fé, e permita que elas se tornem uma parte integrante da sua mentalidade e perspectiva de vida.

∞

CAPÍTULO 12

Enfrentando as dificuldades com fé e confiança

Embora possamos enfrentar desafios e dificuldades em nossa vida, é importante manter a fé e a confiança em Deus, sabendo que Ele está trabalhando em nosso favor, mesmo quando não entendemos os caminhos pelos quais passamos.

A importância da perspectiva dos céus

Como seres humanos, tendemos a focar apenas no que está acontecendo no presente e nas dificuldades que estamos enfrentando. No entanto, é essencial lembrar que Deus tem uma visão muito mais ampla e conhece todos os detalhes da nossa vida. O Salmo 139:16 nos lembra que Deus já conhecia cada um de nós antes mesmo de nascermos, e todos os nossos dias estão escritos em Seu livro. Isso nos mostra que há um propósito para cada experiência que enfrentamos, mesmo que não possamos compreendê-lo plenamente.

O livre-arbítrio e as consequências

Deus nos deu o livre-arbítrio para fazer escolhas na vida Muitas vezes, enfrentamos dificuldades e sofrimento porque tomamos decisões que não estão alinhadas com os princípios divinos. Gálatas 6:7 nos lembra que colheremos as consequências das nossas ações. É importante refletir sobre nossas escolhas e buscar a vontade de Deus em todas as áreas de nossa vida, para evitar semear dificuldades desnecessárias.

A perseverança na fé

Embora enfrentemos desafios, é fundamental lembrar que a fé e a confiança em Deus nos sustentam durante os tempos difíceis. Mesmo quando tudo parece dar errado, podemos encontrar força na certeza de que Deus está conosco, orientando-nos e fortalecendo-nos. Devemos lembrar que as adversidades podem ser oportunidades para o crescimento espiritual e para testemunhar o poder e a fidelidade de Deus.

Enfrentando as dificuldades com declarações de fé

Para fortalecer nossa fé e superar as dificuldades, podemos adotar declarações de fé diárias. Essas afirmações positivas ajudam a reforçar nossa mentalidade e a manter o foco em Deus, mesmo quando as circunstâncias parecem desfavoráveis. Podemos declarar que somos amados, abençoados, capazes e que nossos sonhos se tornarão realidade. Essas declarações nos ajudam a manter uma perspectiva positiva e a confiar que tudo está se encaminhando para o melhor.

Mesmo quando enfrentamos dificuldades e questionamos o propósito do sofrimento, podemos encontrar consolo e esperança nas promessas de Deus. Ao lembrar que Ele nos conhece desde o início e que tem um plano para nossa vida, podemos enfrentar os desafios com fé e confiança. Ao adotar uma mentalidade positiva e declarar palavras de fé, somos capacitados a superar as adversidades e testemunhar o poder transformador de Deus em nossa vida.

CAPÍTULO 13

O que você tem semeado?

Quais ações, palavras e atitudes você tem compartilhado com o mundo ao seu redor? Suas sementes são de amor, bondade e compaixão, ou são de egoísmo, inveja e rancor?

Quais palavras têm saído de sua boca?

Suas palavras são edificantes, encorajadoras e cheias de graça? Ou estão cheias de críticas, negatividade e julgamentos? Lembre-se de que as palavras têm poder e podem influenciar tanto a sua vida quanto a dos outros.

Olhando para essa situação de caos, o que você tem semeado para que ela mude?

Em vez de focar apenas no caos ao seu redor, pare para refletir sobre as suas próprias ações. O que você tem feito para trazer paz, esperança e transformação nessa situação? Suas escolhas estão contribuindo para a mudança positiva?

Qual nível de intimidade você tem com Deus? Você tem parado para ouvi-Lo?

A intimidade com Deus é essencial para uma vida espiritual plena. Você tem dedicado tempo para ouvir a voz de Deus em sua vida? Tem buscado a comunhão com Ele por meio da oração, meditação e estudo da Palavra?

Você tem um lugar em sua casa só para Ele?

Ter um espaço dedicado a Deus em sua casa pode ser um lembrete constante de Sua presença em sua vida. Você reservou um local especial para buscar a presença de Deus, para orar, ler a Bíblia e estar em comunhão com Ele?

Se Deus voltasse hoje e perguntasse o que você tem feito com os dons e talentos que Ele colocou dentro de você, o que você diria a Ele?

Deus nos concedeu dons e talentos únicos. Você tem usado essas habilidades para glorificar a Deus e abençoar os outros? Reflita sobre como tem investido seus talentos e como pode usá-los de maneira ainda mais significativa.

Segredos nós só contamos para os íntimos. Quando Deus olha para você, Ele vê um amigo?

A relação com Deus vai além de apenas cumprir deveres religiosos. Ele deseja ter uma amizade íntima com você. Ele enxerga em você alguém com quem pode compartilhar segredos, confiar e se relacionar em um nível profundo.

Ele vê um filho?

Deus é nosso Pai amoroso e nos vê como Seus filhos. Ele nos ama incondicionalmente e deseja nos abençoar. Você reconhece sua identidade como filho de Deus e desfruta do relacionamento de filho para Pai?

Ele vê um servo?

Servir a Deus e aos outros é um chamado importante em nossa jornada espiritual. Deus valoriza o serviço e a dedicação. Ele enxerga você como alguém disposto a servi-Lo e a fazer a diferença na vida dos outros?

Ou Ele vê um pedinte?

Deus é generoso e deseja suprir todas as nossas necessidades. Ele não nos vê como mendigos, mas como filhos a quem Ele deseja abençoar abundantemente. Você confia na provisão de Deus e O busca como seu provedor?

Como Deus o vê?

Pare um momento para considerar como Deus enxerga você. Ele o vê com amor, graça e misericórdia. Ele o vê como uma pessoa valiosa e com propósito. Acredite na visão que Deus tem de você e deixe que isso influencie sua perspectiva sobre si mesmo.

Quando ora, quanto tempo passa agradecendo pelo que tem?

A gratidão é uma atitude poderosa que nos conecta com a bondade de Deus. Ao orar, reserve um tempo para expressar gratidão pelas bênções, oportunidades e pessoas em sua vida. Cultive um coração grato diante de Deus.

E quanto tempo passa pedindo?

Além de expressar gratidão, a oração também é um momento para apresentar nossas necessidades a Deus. Reserve um tempo para apresentar seus pedidos, desejos e preocupações diante d'Ele, confiando que Ele ouve e responde conforme Sua vontade.

A gratidão atrai o favor e a graça de Deus

Seja grato sempre! "Sabemos que todas as coisas cooperam para o bem daqueles que amam a Deus e foram chamados segundo seu propósito." (Romanos 8:28)

Se você ainda não tem um lugar reservado só para Deus em sua casa, convido você a fazê-lo ainda hoje. Estabeleça um horário fixo, para que diariamente você tenha um encontro com seu Pai.

Não existe impossível para Deus

Ezequiel estava diante de um vale de ossos secos, quando o Senhor perguntou: "Filho do Homem, você crê que esse vale de ossos secos pode voltar à vida?" Ezequiel respondeu: "Se o Senhor quiser!'" Deus disse: "Se Eu quiser? Não! Com tua boca profetiza!" E quando ele profetizou, os ossos começaram a se juntar e surgiram nervos, veias, peles começaram a se formar, e ali se levantou um grande exército!

A situação pela qual você tem passado é pior do que esse vale de morte? Será que existe impossível para Deus? Nesse momento, Deus diz: "Filhinho(a), profetiza! Faça o natural, o que lhe cabe humanamente e o impossível eu faço! Você só precisa crer!"

Ora, a fé é o firme fundamento das coisas que se esperam, e a prova das coisas que se não veem. (Hebreus 11:1)

Com base nesses ensinamentos, podemos perceber que a gratidão é uma poderosa ferramenta espiritual. Quando expressamos gratidão a Deus por tudo o que Ele tem feito em nossa vida, estamos reconhecendo o Seu amor, bondade e provisão. Essa atitude de gratidão nos coloca em sintonia com a vontade de Deus e nos abre para receber o Seu favor e a Sua graça.

A passagem de Romanos 8:28 nos lembra que, mesmo diante das adversidades e situações difíceis, Deus é capaz de trabalhar todas as coisas para o nosso bem. Ele tem um propósito para cada um de nós, e quando confiamos nesse propósito e amamos a Deus de todo o coração, podemos ter a certeza de que Ele está trabalhando em nosso favor, mesmo que não possamos ver imediatamente os resultados.

Ao reservar um lugar especial em nossa casa para Deus, estabelecendo um tempo diário para encontrá-Lo e se comunicar com Ele, estamos demonstrando nossa disposição em ter um relacionamento íntimo com nosso Pai celestial. Assim como Ezequiel profetizou sobre os ossos secos e viu o poder de Deus transformar a morte em vida, também somos convidados a profetizar sobre as situações difíceis que enfrentamos, confiando que Deus é capaz de trazer vida e transformação onde parece impossível.

A fé é a chave para alcançarmos aquilo que ainda não vemos. É por meio da fé que podemos confiar nas promessas de Deus e agir de acordo com elas, mesmo que as circunstâncias ao nosso redor pareçam desfavoráveis. A fé nos impulsiona a proclamar as verdades de Deus sobre nossa vida, acreditando que Ele é capaz de realizar o impossível.

Portanto, fortaleça sua fé, cultive a gratidão e confie no poder de Deus. Proclame palavras de vida, sabendo que Ele está trabalhando em seu favor. Lembre-se de que, mesmo quando parece que tudo está dando errado, tudo está dando certo, porque Deus tem o controle e está trabalhando para o cumprimento de Seu propósito em sua vida.

Ele é fiel e está sempre ao seu lado, disposto a transformar qualquer situação para o bem daqueles que O amam.

A gratidão é uma virtude poderosa que envolve reconhecer, apreciar e expressar agradecimento por tudo o que recebemos e experimentamos na vida. É uma atitude de coração que nos conecta com o bem e nos ajuda a encontrar alegria e satisfação nas pequenas e grandes coisas.

Ao cultivarmos a gratidão em nossa vida diária, estamos treinando nossa mente e nosso coração para focar no positivo e valorizar as bênçãos que temos, em vez de nos concentrarmos apenas nos aspectos negativos ou no que falta.

A gratidão nos leva a uma perspectiva de abundância, em que reconhecemos que há muito pelo que ser grato, mesmo nas situações mais desafiadoras.

Existem vários benefícios em praticar a gratidão regularmente. Estudos têm mostrado que pessoas gratas tendem a um maior bem-estar emocional, experimentam níveis mais baixos de estresse, têm maior resiliência diante das adversidades e desfrutam de melhor saúde física. A gratidão também fortalece os relacionamentos, pois quando expressamos apreciação genuína aos outros, fortalecemos os laços e promovemos um clima de positividade.

A gratidão vai além de apenas dizer "obrigado". Ela envolve uma atitude de reconhecimento constante, em que valorizamos as pessoas, as experiências, as oportunidades e os recursos que temos ao nosso redor. É um exercício de humildade, reconhecendo que não somos autossuficientes e que dependemos do apoio e da contribuição dos outros.

Você pode praticar a gratidão de várias maneiras. Uma forma simples é manter um diário de gratidão, no qual poderá anotar regularmente as coisas pelas quais você é grato. Você também pode expressar verbalmente a gratidão às pessoas que lhe ajudam ou lhe fazem bem. Além disso, pode cultivar uma mentalidade de gratidão ao encontrar beleza e satisfação nas pequenas coisas do dia a dia, como o Sol brilhando, um sorriso de um ente querido ou uma refeição deliciosa.

A gratidão também está intimamente ligada à espiritualidade. Ao expressarmos gratidão a Deus, reconhecemos que há uma força maior que age em nossa vida e que somos abençoados com amor, cuidado e provisão divina.

Portanto, reserve um tempo para cultivar a gratidão em sua vida. Seja grato pelas coisas grandes e pequenas, pelas experiências positivas e desafiadoras, pelas pessoas ao seu redor e pelas oportunidades que surgem. Ao fazer isso, você estará abrindo espaço para o fluxo contínuo de bênçãos e aumentando sua própria felicidade e bem-estar.

A gratidão é uma escolha que podemos fazer a cada dia, e seu impacto positivo será sentido não apenas em nossa própria vida, mas também na vida daqueles ao nosso redor.

CAPÍTULO 14

Declarações poderosas sobre sua vida

Em 1 Pedro 2:24, diz:

"Ele levou pessoalmente todos os nossos pecados em seu próprio corpo sobre o madeiro, a fim de que morrêssemos para os pecados e, então, pudéssemos viver para a justiça; por intermédio das suas feridas fostes curados."

O versículo acima nos traz uma poderosa mensagem sobre o sacrifício de Jesus Cristo e o impacto transformador que isso tem em nossa vida pessoal.

Reconhecer o sacrifício de Jesus

O versículo nos lembra que Jesus levou pessoalmente todos os nossos pecados em Seu próprio corpo na cruz. Isso nos leva a refletir sobre a imensidão do Seu amor e sacrifício por nós. Uma aplicação pessoal é cultivar um coração de gratidão e reconhecimento pelo que Jesus fez por nós, lembrando diariamente do Seu sacrifício e do Seu amor incondicional.

Morrer para o pecado

O versículo também nos diz que Jesus morreu para que pudéssemos morrer para os pecados. Isso implica em abandonarmos a vida de pecado e nos voltarmos para uma vida de retidão e justiça. Aplicar esse ensinamento em nossa vida pessoal significa buscar constantemente a santidade, abandonando os comportamentos e atitudes que vão contra os princípios de Deus.

Viver para a justiça

A segunda parte do versículo nos diz que Jesus morreu para que pudéssemos viver para a justiça. Isso significa que, por meio do Seu sacrifício, somos capacitados a viver uma vida que reflita os valores e princípios de Deus. Uma aplicação pessoal desse ensinamento é buscar viver uma vida íntegra, guiada pela justiça e pela verdade, buscando sempre agir de acordo com os padrões divinos em todas as áreas da vida.

Curados por intermédio das Suas feridas

O versículo também menciona que fomos curados por intermédio das feridas de Jesus. Essa cura pode ser entendida tanto no sentido espiritual, pelo perdão e pela reconciliação com Deus, como também no sentido físico, emocional e mental. Uma aplicação pessoal desse ensinamento é buscar a cura em todas as áreas da nossa vida, entregando nossas dores, feridas e necessidades a Jesus, confiando em Sua capacidade de trazer cura e restauração.

Em Gálatas 3:13-14, está citada uma aplicação pessoal poderosa sobre a obra redentora de Jesus Cristo:

> "Cristo nos redimiu da maldição da Lei quando se tornou maldição em nosso lugar, pois está escrito: 'Maldito todo aquele que for pendurado num madeiro'. Para que a bênção de Abraão chegasse aos gentios por Jesus Cristo, e para que pela fé nós recebamos a promessa do Espírito."

Reconhecer a redenção em Cristo

O versículo destaca que Cristo nos redimiu da maldição da Lei ao se tornar maldição em nosso lugar. Isso nos leva a refletir sobre o imenso amor de Deus ao enviar Jesus para nos libertar do pecado e da condenação. Uma aplicação pessoal é reconhecer e aceitar essa redenção, confiando em Jesus como nosso Salvador pessoal e recebendo o perdão e a libertação que Ele oferece.

Viver na bênção de Abraão

O versículo menciona que a bênção de Abraão chegou aos gentios por meio de Cristo Jesus. Isso significa que, por intermédio da fé em Jesus, nós também recebemos as promessas e bênçãos que foram estendidas a Abraão. Aplicar isso em nossa vida pessoal significa viver na plenitude das promessas de Deus, buscando uma vida de intimidade com Ele, desfrutando de Sua provisão, proteção e orientação em todas as áreas da nossa vida.

Receber o Espírito mediante a fé

O versículo final menciona que recebemos a promessa do Espírito por meio da fé em Cristo. Isso nos leva a buscar uma relação pessoal com o Espírito Santo, permitindo que Ele nos guie, fortaleça e capacite em nossa jornada espiritual. Uma aplicação pessoal é buscar uma vida de dependência e sensibilidade ao Espírito Santo, permitindo que Ele opere em nós e através de nós, capacitando-nos a viver uma vida que honra a Deus e testemunha Seu amor aos outros.

Convido você, agora, a usar o dom das palavras para declarar o fim do que ainda o paralisa, o fim do que impede você de viver a vida abundante que Deus já lhe preparou.

Eu declaro em nome de Jesus o fim das maldições hereditárias e a liberação da bênção sobre minha vida e gerações futuras.

Eu declaro em nome de Jesus o fim de todo decreto de falência e a manifestação da abundância financeira em todas as áreas da minha vida.

Eu declaro em nome de Jesus o fim das doenças e a manifestação da saúde e vitalidade em meu corpo.

Eu declaro em nome de Jesus o fim da morte espiritual e o despertar para uma vida de plenitude e intimidade com Deus.

Eu declaro em nome de Jesus o fim do ciclo de divórcio e a restauração e fortalecimento do meu relacionamento conjugal.

Eu declaro em nome de Jesus o fim do adultério e a renovação do compromisso e da fidelidade no meu relacionamento.

Eu declaro em nome de Jesus o fim das palavras contrárias e a manifestação de palavras de vida e o encorajamento em minha vida.

Eu declaro em nome de Jesus o fim de todo ciclo de derrotas e a manifestação da vitória e do sucesso em todas as áreas da minha vida.

Eu declaro em nome de Jesus o fim dos vícios e a libertação completa e permanente para viver uma vida de sobriedade e autodomínio.

Eu declaro em nome de Jesus o fim de toda depressão e a manifestação da alegria e da paz que excede todo entendimento em minha vida.

Eu declaro em nome de Jesus o fim de toda tristeza e o enchimento do meu coração com a alegria do Senhor.

Eu declaro em nome de Jesus o fim da vontade de morrer e o despertar para o propósito e a plenitude de vida que Deus tem para mim.

Eu declaro em nome de Jesus o fim da falta de perdão e a liberação do perdão total e completo em meu coração, para mim mesmo e para os outros.

Essas declarações têm o propósito de serem afirmadas com fé, confiança e alinhadas à vontade de Deus para a nossa vida. Ao declará-las, estamos exercitando a autoridade que temos em Jesus Cristo e *nos posicionando para receber as bênçãos e transformações que Ele deseja nos conceder.*

Provérbios 18:21 nos ensina que a língua tem um poder extraordinário sobre a vida e a morte. As palavras que saem de nossa boca têm o poder de criar realidades, influenciar situações e impactar o nosso destino.

Quando compreendemos a magnitude desse poder, somos chamados a usá-lo com habilidade e sabedoria. Nossas palavras têm o potencial de trazer vida, esperança, cura e bênção, assim como podem causar destruição, dor e aflição. É por isso que é crucial fazer declarações diárias sobre a nossa vida, alinhando-as com a vontade de Deus e lembrando-nos constantemente do poder que nossas palavras possuem.

Essas declarações são instrumentos poderosos de transformação, pois nos conectam com as verdades e promessas divinas, ativando a fé e abrindo caminho para a manifestação da vontade de Deus em nossa vida.

Portanto, façamos dessas declarações um hábito constante em nosso dia a dia, lembrando-nos sempre de que nossas palavras têm o poder de trazer vida e morte, e que seremos recompensados quando as usarmos habilmente em acordo com a Palavra de Deus.

Profetizando sobre sua vida

Eu declaro em nome de Jesus um novo tempo se iniciando, cheio de oportunidades e bênçãos extraordinárias para mim.

Eu declaro em nome de Jesus que estou entrando nos melhores anos da minha vida, em que experimentarei crescimento, sucesso e plenitude em todas as áreas.

Eu declaro em nome de Jesus que ideias criativas estão brotando em mim, e minha mente está aberta para receber a sabedoria e orientação do Espírito Santo.

Eu declaro em nome de Jesus que meus sonhos estão saindo da gaveta e se tornando realidade, pois Deus está me capacitando e abrindo portas de oportunidade.

Eu declaro em nome de Jesus que a fertilidade está brotando em todas as áreas da minha vida, e serei frutífero(a) e produtivo(a) em todas as minhas empreitadas.

Eu declaro em nome de Jesus que meu casamento está sendo restaurado, e experimentarei um relacionamento renovado, cheio de amor, respeito e harmonia. (para os casados)

Eu declaro em nome de Jesus que vou me encontrar com a pessoa que Deus já preparou para mim, e juntos construiremos um relacionamento abençoado. (para os solteiros)

Eu declaro em nome de Jesus que a união reinará sobre o meu lar, trazendo paz, compreensão e apoio mútuo entre todos os membros da minha família.

Eu declaro em nome de Jesus a restituição de 100 vezes mais de tudo o que perdi, pois Deus é fiel em restaurar e recompensar abundantemente.

Eu declaro em nome de Jesus que a paz que excede todo entendimento invadirá o meu lar, trazendo tranquilidade, harmonia e serenidade em todos os momentos.

Eu declaro em nome de Jesus que o meu coração está sendo inundado de amor, e pronto tanto para amar a Deus e ao próximo como para receber amor de maneira plena e satisfatória.

Eu declaro em nome de Jesus a cura me visitando em todas as áreas da minha vida: física, espiritual e emocional. Serei restaurado(a) e transformado(a) pelo poder curador de Cristo.

Eu declaro em nome de Jesus que minhas noites de sono serão tranquilas e revigorantes, pois entrego todas as minhas preocupações e ansiedades a Ele.

Eu declaro em nome de Jesus que estou me libertando de todos os vícios que têm me aprisionado, e recebo a libertação completa e duradoura por meio do poder de Cristo.

Eu declaro em nome de Jesus o perdão sendo liberado em minha vida, perdoando aqueles que me feriram e liberando o amor e a graça de Deus para todos ao meu redor.

∞

CAPÍTULO 15

A fé vem pelo ouvir e ouvir a palavra de Deus

Ouvir ativa sua fé, mas praticar faz o milagre acontecer. É importante lembrar que, embora o sobrenatural seja obra de Deus, nós também temos um papel a desempenhar no processo. Deus nos capacita e nos chama a agir de acordo com a nossa fé. Ele nos convida a dar passos de obediência e confiança, a fazer a nossa parte no natural, enquanto Ele realiza o sobrenatural.

Muitas vezes, nos contentamos em contar os testemunhos e milagres dos outros, admirando as maravilhas que Deus realizou na vida deles. No entanto, Deus tem algo especial para você também! Ele quer que você seja o protagonista dos milagres e que testemunhe o Seu poder agindo em sua vida de forma extraordinária.

Ter fé não significa ignorar os desafios e dificuldades que enfrentamos, mas sim confiar que Deus é maior do que qualquer situação. Ele nunca perdeu uma batalha e está ao nosso lado em todas as circunstâncias. Quando as portas parecem fechadas, Ele é capaz de derrubar as paredes que nos impedem de avançar. Assim como fez com Paulo e Silas na prisão, quando eles oraram e adoraram, e as paredes vieram ao chão. Podemos confiar que Deus fará o mesmo em nossa vida.

Deus tem poder ilimitado, mas Ele também nos escolheu para sermos instrumentos de Sua glória neste mundo. Ele deseja que o Seu nome seja glorificado por intermédio da nossa vida, dos nossos testemunhos e milagres. Ao declarar que você será um ativador de fé, estamos profetizando que o seu testemunho irá inspirar e ativar a fé de muitas pessoas ao seu redor. Você será como uma árvore frutífera, trazendo vida, esperança e transformação para aqueles que o cercam.

Portanto, confie em Deus, ore, adore e aja de acordo com a sua fé. Esteja pronto para testemunhar o sobrenatural acontecendo em sua vida e para ser um canal de bênçãos e milagres para o mundo ao seu redor. Creia que Deus é capaz de fazer infinitamente mais do que podemos pedir ou imaginar, e esteja disposto a ser usado por Ele para manifestar Seu poder e amor neste mundo.

Atos proféticos da Bíblia

Vamos falar sobre os atos proféticos da Bíblia, momentos em que o natural se torna uma ferramenta para ativar o sobrenatural e o físico se torna um meio de manifestação do mundo espiritual.

Eliseu e o milagre das águas inférteis

Em 2 Reis 2:21-22, encontramos o relato de Eliseu, um profeta de Deus que usou o sal como um ativador profético para trazer cura e fertilidade às águas amargas e inférteis. Eliseu reconheceu que o sal era um elemento natural, mas entendia que o poder estava na palavra de Deus e na fé em Sua promessa.

Eliseu foi até o manancial das águas e lançou o sal, declarando as palavras do Senhor: "Assim diz o Senhor: 'Sararei a estas águas; e não haverá mais nelas morte nem esterilidade.'" O sal em si não possuía poder para transformar as águas, mas era o símbolo físico usado por Eliseu para ativar o mundo espiritual e liberar a intervenção de Deus.

Por meio desse ato profético, as águas que antes eram mortais e estéreis foram curadas e passaram a gerar vida. O poder de Deus se manifestou naquelas águas, cumprindo a palavra falada por Eliseu. É importante ressaltar que não foi o sal em si que realizou o milagre, mas a fé e a autoridade que Eliseu exercia como servo de Deus.

Você pode se perguntar se é possível que um simples ato físico, como o uso de sal, seja capaz de transformar águas mortais em águas que geram vida. A resposta é que, por trás desse ato profético, está a confiança na promessa e no poder de Deus. É a fé e a obediência que ativam o sobrenatural e permitem que o milagre aconteça.

Assim como Eliseu usou o sal como um instrumento para ativar a intervenção divina, podemos aprender com esse exemplo e aplicá-lo em nossa própria vida. Os atos proféticos não são uma fórmula mágica, mas são expressões tangíveis de nossa fé e confiança em Deus.

Pode ser que Deus coloque em seu coração ações específicas, atos proféticos, para desencadear mudanças sobrenaturais em sua vida. Essas ações podem parecer simples ou até mesmo insignificantes aos olhos humanos, mas quando realizadas com fé e obediência, podem desencadear uma transformação poderosa.

Lembre-se de que o poder não está no ato em si, mas na conexão que temos com Deus e em Sua capacidade de cumprir Suas promessas. Portanto, esteja disposto a ouvir e obedecer à voz de Deus, a agir de acordo com Sua direção e a confiar que Ele é capaz de realizar milagres por meio de atos proféticos em sua vida.

Que possamos ser sensíveis ao Espírito Santo, estar dispostos a agir conforme Ele nos guia e confiar que, quando unimos o natural e o sobrenatural por meio da fé e dos atos proféticos, veremos o poder de Deus se manifestar.

Moisés e o milagre das águas da rocha

Vamos refletir sobre um acontecimento significativo registrado em Êxodo 17:4-7, no qual Moisés é instruído por Deus a usar um elemento físico, seu cajado, para realizar um milagre no deserto.

Diante da necessidade do povo de Israel por água, Moisés clama ao Senhor, preocupado com a reação do povo, que estava à beira de apedrejá-lo. Deus responde a Moisés, dando-lhe uma instrução específica: passar diante do povo, levar alguns anciãos de Israel e sua vara, a mesma que foi usada para ferir o rio no passado.

Deus revela que estará presente sobre uma rocha em Horebe, e Moisés deve ferir a rocha com seu cajado. A consequência desse ato seria a saída de água para saciar a sede do povo. Moisés obedece, diante dos olhos dos anciãos de Israel, e águas jorram da rocha.

Podemos questionar: Será que um simples cajado, um pedaço de madeira, tem o poder de fazer águas puras e limpas jorrarem de uma rocha árida? Mais uma vez, o poder não reside no objeto em si, mas na ação de Deus e na fé e obediência de Moisés.

O cajado de Moisés simboliza sua autoridade e o poder que Deus lhe conferiu para liderar o povo. A instrução de ferir a rocha foi um ato profético que ativou o sobrenatural de Deus. Moisés usou o cajado como um símbolo de sua autoridade divinamente concedida, confiando que Deus manifestaria Seu poder por intermédio desse ato.

Nesse episódio, fica claro que o uso de um objeto físico foi uma forma simbólica de ativar o mundo espiritual. Não foi o cajado em si que produziu as águas, mas a obediência e a fé de Moisés em Deus.

Assim como Moisés, podemos aprender que, às vezes, Deus nos instrui a usar elementos físicos como atos proféticos para desencadear Seu poder em situações desafiadoras. Não devemos confiar apenas no objeto em si, mas em nossa conexão com Deus e na confiança em Sua capacidade de realizar milagres.

Portanto, quando nos encontrarmos diante de desafios aparentemente impossíveis, lembremo-nos de que o poder de Deus é capaz de fluir por meio de ações simbólicas e físicas, quando feitas com fé e obediência. Devemos estar dispostos a seguir as instruções de Deus, mesmo que pareçam estranhas aos olhos humanos, pois é por intermédio desses atos que podemos testemunhar o sobrenatural de Deus se manifestando em nossa vida.

Que possamos estar sensíveis à voz de Deus, prontos para agir conforme Suas instruções e confiar que, quando combinamos o natural com o sobrenatural por meio da fé e dos atos proféticos, veremos o poder de Deus se manifestar de maneira extraordinária.

Jesus cura um cego

Em João 9:6-7, encontramos um relato poderoso da cura de um cego por Jesus. Nesse episódio, Jesus escolheu usar um método aparentemente incomum para realizar a cura. Ele cuspiu no chão, fez uma massa com sua saliva e ungiu os olhos do cego com essa mistura. Em seguida, ordenou ao homem que fosse lavar-se no tanque de Siloé. O cego obedeceu e, ao lavar-se, voltou enxergando.

À primeira vista, pode parecer estranho o fato de Jesus ter utilizado sua saliva e o barro para realizar a cura. Mas, mais uma vez, é importante compreender que o poder não estava na substância em si, mas no ato profético e na fé do cego em obedecer às instruções de Jesus.

O uso da saliva e do barro foi simbólico, um ato físico que ativou o mundo espiritual. Jesus poderia ter simplesmente falado a palavra de cura ou tocado nos olhos do cego com as mãos. No entanto, Ele escolheu fazer algo diferente para transmitir uma mensagem espiritual mais profunda.

Essa ação simbólica de Jesus representa o poder criativo de Deus. Assim como Deus formou o homem do pó da terra (Gênesis 2:7), Jesus utilizou o barro para demonstrar que Ele é o Criador e tem o poder de trazer cura e restauração em todas as áreas da vida.

É importante notar que a cura não veio da saliva ou do barro em si, mas do poder de Deus ativado por meio desse ato profético. Foi a fé e a obediência do cego em seguir as instruções de Jesus que desencadearam a manifestação do poder divino em sua vida.

Essa história nos ensina que Deus pode usar meios aparentemente simples e até mesmo inusitados para trazer cura e transformação. Ele não está limitado por métodos convencionais, mas usa o natural para ativar o sobrenatural. A chave está em confiar na autoridade e no poder de Deus, independentemente de como Ele escolha se manifestar.

Assim como o cego, devemos estar dispostos a obedecer às instruções de Deus, mesmo que pareçam incomuns ou desafiadoras. Precisamos entender que o poder de Deus vai além da nossa compreensão e que Ele pode operar milagres de maneiras que nunca poderíamos imaginar.

Que esse exemplo nos inspire a confiar em Deus e a reconhecer que Ele é capaz de operar milagres, independentemente dos métodos que Ele escolha usar. Que possamos estar dispostos a obedecer e acreditar na manifestação do poder divino em nossa vida, sabendo que o natural pode ativar o sobrenatural quando há fé e obediência.

O povo de Israel e as águas amargas

No relato de Êxodo, encontramos um momento em que o povo de Israel chegou a um lugar chamado Mara, onde as águas eram amargas e impróprias para beber. O povo murmurou e questionou Moisés sobre o que iriam beber. Moisés, por sua vez, clamou ao Senhor em busca de uma solução.

Deus então mostrou a Moisés uma árvore, e pediu para que ele lançasse um galho nas águas, ele assim o fez sobre as águas amargas. O resultado foi surpreendente: as águas amargas se tornaram doces e potáveis. Nesse momento, Deus não apenas forneceu uma solução prática para a sede do povo, mas também estabeleceu estatutos e ordenanças, testando a confiança e a obediência deles.

É importante notar que o poder de transformação das águas não estava na árvore em si. O arbusto não tinha propriedades químicas para alterar a composição da água. O ato de lançar a árvore nas águas foi um ato profético, um símbolo físico que ativou o poder sobrenatural de Deus para transformar o amargor em doçura.

Esse relato nos ensina que Deus tem o poder de transformar situações amargas em algo bom e proveitoso. Assim como a água amarga foi transformada em doce por meio do ato profético de lançar o arbusto, Deus pode transformar qualquer circunstância desafiadora quando buscamos Sua intervenção.

Essa história também nos mostra a importância da obediência e da confiança em Deus. Moisés agiu de acordo com as instruções divinas e lançou a árvore nas águas, mesmo que isso pudesse parecer ilógico aos olhos humanos. Sua obediência desencadeou a manifestação do poder de Deus.

Assim como no caso de Moisés e do povo de Israel, podemos enfrentar situações amargas e desafiadoras em nossa jornada. No entanto, quando clamamos a Deus e buscamos Sua orientação, Ele pode trazer doçura, cura e transformação para nossa vida.

A história de Êxodo 15:23-25 nos lembra que o poder de Deus vai além das limitações humanas. Ele pode usar elementos naturais como símbolos para ativar Seu poder sobrenatural. Devemos confiar em Sua sabedoria e agir de acordo com Sua orientação, mesmo que não compreendamos plenamente o porquê.

Que possamos aprender, com essa história, a confiar na capacidade de Deus de transformar as amarguras em doçuras, a buscar Sua orientação em tempos de dificuldade e a obedecer às Suas instruções, confiando que Ele está no controle e tem o poder de fazer o impossível acontecer.

Orar e agir

Também em Êxodo, encontramos Moisés e o povo de Israel diante do Mar Vermelho, com o exército do faraó se aproximando. Diante dessa situação desesperadora, Moisés clama ao Senhor em busca de ajuda. No entanto, Deus questiona a Moisés, dizendo-lhe para agir em vez de apenas orar.

Deus instrui Moisés a levantar sua vara e estender sua mão sobre o mar, a fim de que as águas se dividam e o povo de Israel possa passar a seco. Moisés não tinha o poder físico para abrir o mar com um simples cajado. No entanto, o cajado se tornou um símbolo físico que ativou o poder sobrenatural de Deus para operar um milagre.

Mais uma vez, vemos o elemento natural sendo usado como um símbolo para ativar o mundo espiritual. O cajado de Moisés representava a autoridade e o poder de Deus operando por meio dele. Ao levantá-lo e estender a mão, Moisés demonstrava sua fé e obediência à palavra de Deus, confiando que Ele faria o impossível acontecer.

Essa passagem nos ensina que há momentos em que Deus nos chama para agir e não apenas orar. A oração é essencial, mas também é importante agir em obediência à voz de Deus. Às vezes, Ele nos pede para fazer algo aparentemente simples, mas simbolicamente poderoso, a fim de abrir caminhos e realizar milagres em nossa vida.

Assim como Moisés confiou na palavra de Deus e agiu levantando seu cajado, somos chamados a confiar na autoridade e no poder de Deus que operam em nós por meio do Espírito Santo. Podemos enfrentar situações aparentemente impossíveis, mas quando agimos em obediência e fé, ativamos o poder de Deus para realizar o extraordinário.

Portanto, essa passagem nos desafia a não apenas clamar a Deus em momentos de dificuldade, mas também a estar dispostos a agir em obediência aos Seus comandos. Devemos estar atentos à Sua voz e dispostos a utilizar os recursos e símbolos que Ele nos dá, sabendo que é por meio deles que o poder sobrenatural de Deus é ativado.

Que possamos aprender com a história de Moisés e o Mar Vermelho, a confiar na autoridade e no poder de Deus, a agir em obediência à Sua palavra e a testemunhar os milagres e maravilhas que Ele realiza em nossa vida quando nos entregamos a Ele e agimos em fé.

Jesus e a multiplicação dos pães e peixes

> "Ele, porém, respondendo, lhes disse: 'Dai-lhes vós de comer'. E eles disseram-lhe: 'Iremos nós, e compraremos duzentos dinheiros de pão para lhes darmos de comer?' E ele disse-lhes: 'Quantos pães tendes? Ide ver'. E, sabendo-o eles, disseram: 'Cinco pães e dois peixes'. E ordenou-lhes que fizessem assentar a todos, em ranchos, sobre a erva verde. E assentaram-se repartidos de cem em cem, e de cinquenta em cinquenta. E, tomando ele os cinco pães e os dois peixes, levantou os olhos ao céu, abençoou e partiu os pães, e deu-os aos seus discípulos para que os pusessem diante deles. E repartiu os dois peixes por todos. E todos comeram, e ficaram fartos; E levantaram doze alcofas cheias de pedaços de pão e de peixe. E os que comeram os pães eram quase cinco mil homens." (Marcos 6:37-44)

Aqui Jesus está diante de uma multidão faminta, composta por cerca de cinco mil pessoas. Os discípulos expressam preocupação com a falta de comida, questionando se deveriam gastar uma grande quantia de dinheiro para alimentar a multidão. No entanto, Jesus lhes dá uma ordem surpreendente: "Dai-lhes vós de comer".

Os discípulos ficam perplexos, pois não possuem recursos suficientes para alimentar a multidão. No entanto, Jesus não se detém a essa limitação. Ele pergunta aos discípulos quantos pães eles têm e, ao descobrir que possuem apenas cinco pães e dois peixes, Ele ordena que todos se sentem em grupos e parte o pão e divide os peixes entre eles.

O que é notável neste milagre é que Jesus não realiza uma manifestação sobrenatural instantânea. Em vez disso, Ele usa os recursos físicos limitados que estavam disponíveis naquele momento. Ele toma o que os discípulos têm, abençoa os alimentos, parte cada um e os distribui.

Podemos ver nessa passagem a importância de oferecer a Deus o pouco que temos. Mesmo que pareça insuficiente ou insignificante, quando colocamos em Suas mãos, Ele pode multiplicar e suprir as necessidades.

Jesus não fez os pães e peixes surgirem do nada. Ele operou um milagre utilizando o que foi confiado a Ele. Ele mostrou que o que parece ser insignificante aos olhos humanos pode se tornar abundante nas mãos de Deus. A fé do menino em entregar seus cinco pães e dois peixes foi um catalisador para o milagre da multiplicação.

Essa passagem nos ensina que, assim como o menino, devemos estar dispostos a oferecer o que temos nas mãos a Deus, independentemente de quão pequeno ou limitado possa parecer. Quando confiamos em Sua provisão e obedecemos à Sua direção, Ele pode transformar o pouco em muito, o suficiente em abundância.

Portanto, quando nos encontramos diante de situações impossíveis, é importante lembrar que Deus pode usar os recursos limitados que temos para operar milagres em nossa vida e na vida dos outros. Podemos confiar que Ele é capaz de multiplicar o que oferecemos a Ele e suprir todas as nossas necessidades, conforme Sua vontade.

Que essa história da multiplicação dos pães e peixes nos inspire a confiar em Deus, a entregar o que temos a Ele e a testemunhar Sua capacidade de multiplicar e suprir além de nossa compreensão.

A fé e a ação

Tudo é possível ao que crê! Essa afirmação nos lembra da importância da fé em nossa jornada. Acreditar que algo é possível é o primeiro passo para torná-lo realidade. Por isso, é crucial examinar o que temos desejado em nossa alma.

Nossos desejos são como sementes que plantamos em nosso coração. Eles moldam nossos pensamentos, emoções e ações. Portanto, é essencial nutrir nossa alma com pensamentos e emoções positivas, esperança e confiança. Como você tem alimentado sua alma? Você buscado inspiração, conhecimento e relacionamentos saudáveis?

Além disso, devemos prestar atenção às palavras que saem de nossa boca, pois elas têm poder de vida e morte. Nossas palavras podem construir ou destruir, encorajar ou desanimar. Portanto, é importante sermos conscientes do que temos declarado sobre nossa vida, a vida de nossos filhos, do cônjuge, da empresa e da saúde. Nossas palavras devem ser alinhadas com a fé e a visão que temos para o nosso futuro.

No entanto, é fundamental lembrar que Deus não fará o que cabe a nós fazer. Ele nos capacita e nos guia, mas também nos chama a agir. Devemos nos preparar para a mudança que desejamos ver. Isso envolve assumir a responsabilidade por nossas ações e decisões, buscar crescimento pessoal e profissional, adquirir habilidades necessárias e estar abertos a oportunidades.

Se desejamos que nossos relacionamentos sejam restaurados, devemos examinar nossas atitudes e tomar medidas concretas para promover a cura e a reconciliação. Isso pode envolver o perdão, a comunicação honesta e amorosa, a busca por aconselhamento ou a disposição de fazer as mudanças necessárias em nosso comportamento.

Assim como deseja em sua alma, assim tu és!

Agora, com muita humildade, sinceridade e verdade, responda às questões abaixo. Em seguida, faça uma lista de ações para mudanças urgentes em sua comunicação.

O que você tem desejado?
R: _____

Como você tem alimentado sua alma? Quais práticas, hábitos ou recursos você utiliza para nutrir seu ser interior?
R: _____

Quais são as palavras que têm saído de sua boca? São palavras de encorajamento, gratidão e fé, ou predominam palavras negativas, críticas, acusações, lamentações, vitimismo e derrotistas?
R: _____

O que você tem declarado sobre sua vida?
R: _____

E sobre a vida dos seus filhos?
R: _____

E sobre a vida do seu cônjuge?
R: _____

E sobre sua empresa e suas finanças?
R: _____

E sobre sua saúde?
R: _____

Suas palavras são alinhadas com a visão que tem para o futuro?
R: _____

Como você tem se preparado para que a história mude?
R: _____

Quais medidas práticas você tem tomado para alcançar seus objetivos e realizar suas aspirações?
R: _____

Quais atitudes tem tomado para que seu relacionamento seja restaurado?
R: _____

Você está disposto(a) a perdoar, a buscar a reconciliação e a adotar uma postura de amor e compreensão?
R: _____

Você está disposto(a) a agir? Lembre-se: Deus não vai fazer o que cabe a você fazer!
R: _____

Em quais áreas da sua vida você tem esperado que Deus faça tudo sem que você tome as devidas responsabilidades e aja conforme sua fé?

R: _____

∞

CAPÍTULO 16

O trabalho diligente

"O que trabalha com mão remissa empobrece; mas a mão do diligente enriquece. 5 O que ajunta no verão é filho prudente; mas o que dorme na sega é filho que envergonha." (Provérbios 10: 4)

Provérbios 10:4-5 nos fala sobre a importância do trabalho diligente e da sabedoria na administração dos recursos. Aqui está uma aplicação pessoal desses versículos:

Comprometimentos

Eu, _____, comprometo-me a valorizar o trabalho diligente – reconheço que o trabalho dedicado é fundamental para alcançar o sucesso e a prosperidade. Comprometo-me a ser diligente em todas as minhas responsabilidades e a dar o meu melhor em cada tarefa que empreendo.

Evitar a preguiça e a procrastinação – entendo que a procrastinação e a falta de ação podem levar ao empobrecimento. Decido superar a preguiça e a tendência de adiar as tarefas importantes, buscando sempre ser proativo e cumprir meus compromissos de forma oportuna.

Ser prudente na administração dos recursos – compreendo que o planejamento e a disciplina financeira são essenciais para construir uma base sólida e próspera. Assumo o compromisso de fazer um bom uso dos meus *recursos, economizando e investindo sabiamente, para garantir um futuro próspero para mim e minha família.*

Ser responsável e previdente – *reconheço a importância de ser um bom administrador e de antecipar as necessidades futuras. Comprometo-me a economizar e a investir regularmente, preparando-me para um futuro tranquilo em termos financeiros e com liberdade de tempo.*

Valorizar a sabedoria e o aprendizado contínuo – *busco constantemente aprender e adquirir conhecimentos relevantes para aprimorar minhas habilidades e minha perspicácia financeira. Comprometo-me a buscar orientação e conselhos de pessoas sábias e experientes, a fim de tomar decisões financeiras informadas e prudentes.*

Que a aplicação desses princípios em minha vida me leve a uma maior prosperidade, não apenas financeira, mas também em todas as áreas importantes, permitindo-me honrar a Deus e ser uma bênção para os outros.

"A oportunidade é um cavalo arriado que passa, se você não montar, outro certamente montará." *(Apóstolo André Davi)*

∞

CAPÍTULO 17

Você é filho de Deus

Abrace a verdade de que você foi criado à imagem e semelhança de Deus (Gênesis 1:26-27). Isso significa que você tem um propósito divino e um potencial ilimitado em sua vida. Você foi feito para reinar e dominar sobre as circunstâncias da terra, manifestando o amor e o poder de Deus em tudo o que você faz.

Lembre-se das palavras de Jesus em Mateus 18:18, em que Ele nos diz que tudo o que ligarmos na terra será ligado no céu, e tudo o que desligarmos na terra será desligado no céu. Isso significa que temos autoridade e poder para trazer a vontade de Deus à manifestação aqui na terra. Não devemos implorar ou pedir timidamente por aquilo que já é nossa herança em Cristo.

É hora de parar de duvidar da vontade de Deus para a sua vida. Jesus já pagou o preço na cruz, e você agora é um filho e herdeiro de Deus. A enfermidade, a escassez e todas as formas de opressão não são da vontade do Pai. Ele tem prazer em lhe abençoar e ver você prosperar em todas as áreas da sua vida.

Portanto, tome posse da sua identidade como filho de Deus e ative a sua fé para experimentar os milagres e as bênçãos que Ele tem reservado para você. Não se contente com menos do que o melhor que Deus tem para oferecer. Creia que Ele é capaz de fazer infinitamente mais do que tudo o que você pode pedir ou imaginar (Efésios 3:20), e esteja disposto a agir de acordo com essa fé.

Que a sua vida seja um testemunho vivo do poder transformador de Deus, revelando a Sua glória e amor em tudo o que você faz.

Perceba que Jesus já levou sobre si as nossas enfermidades e dores, conforme diz em Isaías 53:4-5. Ele foi ferido e moído por causa das nossas transgressões e iniquidades. O castigo que nos traz a paz estava sobre Ele, e pelas Suas pisaduras fomos sarados.

Diante disso, não precisamos mais pedir timidamente por cura e libertação. Jesus já pagou o preço na cruz, e a Sua vontade é que sejamos abençoados e vivamos em plenitude. Portanto, não devemos duvidar do Seu amor e desejo de nos abençoar.

Em vez de perguntar se é da vontade de Jesus nos livrar da enfermidade e escassez, podemos afirmar com fé e convicção que Ele já nos libertou e deseja nos abençoar abundantemente. Essa é a nossa herança como filhos de Deus.

Lembre-se de que o Pai tem prazer em nos abençoar. Ele é um Pai amoroso e generoso, que deseja o melhor para nós. Portanto, não hesite em receber as bênçãos e a provisão que Ele tem preparado para você. Confie na Sua fidelidade e no Seu cuidado.

Viva em consonância com a sua identidade como filho e herdeiro de Deus. Creia que Ele já conquistou a vitória por você e declare a Sua palavra sobre a sua vida. Deixe que a verdade do sacrifício de Jesus e da Sua obra consumada na cruz se torne uma realidade em cada área da sua vida.

Que a convicção da sua filiação divina e da vontade de Deus para abençoar você seja uma fonte de confiança e encorajamento em sua jornada espiritual. Que você experimente a plenitude das promessas de Deus e testemunhe os Seus milagres acontecendo em sua vida.

Imagine que você é um(a) explorador(a) corajoso(a) em busca de um tesouro escondido. Esse tesouro representa as bênçãos e promessas de Deus para a sua vida. Para encontrar esse tesouro, você precisa seguir alguns passos:

Passo 1
Equipando-se – como um(a) explorador(a), você precisa se equipar com as ferramentas certas. Nesse caso, as ferramentas são a Palavra de Deus (Bíblia) e a oração. Essas são as suas armas para enfrentar os desafios e adversidades que possam surgir em sua jornada.

Passo 2
Mapa do tesouro – todo explorador precisa de um mapa para chegar ao tesouro. O mapa do tesouro representa a Palavra de Deus, que nos mostra os princípios e promessas que Ele nos deixou. Por meio da leitura e meditação na Palavra, você descobrirá as verdades e instruções necessárias para ativar a sua fé.

Passo 3
Ação e oração – agora é hora de agir! Assim como um(a) explorador(a) corajoso(a), você não pode ficar parado(a), esperando o tesouro cair do céu. É necessário colocar em prática aquilo que aprendeu na Palavra de Deus. Isso envolve agir de acordo com a vontade de Deus, obedecendo aos Seus mandamentos e buscando a Sua direção em oração.

Passo 4
Superando obstáculos – durante a jornada em busca do tesouro, você encontrará obstáculos e desafios. Esses obstáculos podem representar dúvidas, medos, circunstâncias adversas ou até mesmo vozes negativas ao seu redor. É importante lembrar que você tem o poder de superar esses obstáculos através da fé. Confie em Deus, mantenha o foco na Sua promessa e prossiga, mesmo quando parecer difícil.

Passo 5
Descobrindo o tesouro – com fé perseverante e confiança em Deus, você finalmente alcançará o tesouro. As bênçãos, milagres e transformações que Deus tem preparado para a sua vida serão manifestados. Você verá o cumprimento das promessas de Deus de maneiras surpreendentes e além do que você imaginou.

Lembre-se de que a fé é um processo contínuo e crescente. Quanto mais você se aprofunda na Palavra de Deus, busca a Sua vontade em oração e age de acordo com a Sua direção, mais você ativa a sua fé e experimenta as maravilhas do Seu poder em sua vida.

Portanto, seja um(a) explorador(a) corajoso(a), confie em Deus, siga o mapa do tesouro (Palavra de Deus), enfrente os obstáculos com fé e alcance o tesouro das bênçãos que Ele tem reservado para você.

∞

CAPÍTULO 18

Ative sua fé como uma dinamite!

Como mencionado ao longo do livro, existem várias maneiras de ativar o espiritual por meio do físico. Em minha vida pude provar essa ativação de inúmeras maneiras, mas por meio de feijões, foi o direcionamento que Deus me deu. Volto a ressaltar que não existe nenhuma mágica nos feijões, eles serão somente um percursor simbólico para que sua fé seja exercitada e colocada em prática. O que trará à existência seu milagre será sua fé depositada em Deus.

Nesse momento, creio que sua fé já esteja borbulhando dentro do seu coração e se você crê que algo sobrenatural irá acontecer em sua vida, quero convidá-lo a fazer esse ato profético.

Pegue alguns grãos de feijão em sua cozinha, aqueles normais, coloque em uma vasilha, dobre seus joelhos, erga as mãos aos céus e faça a seguinte oração:

> *"Senhor eu consagro esses feijões a ti e peço que neste momento eles sejam como dinamites no mundo espiritual.*
>
> *Eu declaro que onde esses feijões tocarem cadeados serão abertos, correntes quebradas, cordas cortadas, algemas abertas, e tudo o que estiver travado no mundo espiritual será destravado em nome de Jesus, pois eu confio em Ti, e te reconheço como o único Deus, como o médico dos médicos, como Senhor dos Senhores, como um justo Juiz.*
>
> *Eu sei que a última palavra é Sua, por isso, limpa tudo o que não te agrada e faz tudo novo.*
>
> *Eu declaro esses feijões como ativadores do mundo espiritual; eu ativo minha fé e trago à existência aquilo que os meus olhos ainda não veem, mas eu creio que já estejam liberados no mundo espiritual, amém!"*

Se você tiver óleo de unção, use-o para ungir os feijões. Pegue esses feijões e jogue onde deseja um milagre de Deus, e quando jogar, ore com toda sua fé, lembrando que os feijões são só simbólicos no mundo físico, mas dinamites no mundo espiritual, declare sua benção, traga à existência, lembre-se de que tudo é possível ao que crê. Você é filho(a), Jesus pagou um alto preço naquela cruz por sua salvação e sua vida, Ele prometeu uma vida em abundância em todas as áreas, o preço do seu pecado já foi pago com sangue.

Lembre-se de que o tempo para todas as coisas é de Deus, Ele sabe o momento certo para seu milagre acontecer; já está tudo preparado e disponível, porém, só Ele sabe se você está pronto para receber, então, seja constante, resiliente, ousado, persistente, não desista jamais, pois no momento certo, na hora marcada, com seu posicionamento correto, todas as promessas irão se cumprir.

Declarações proféticas

Eu declaro, em nome de Jesus, que em todos os lugares onde eu puser os meus pés, o Senhor me concederá a vitória. Tudo aquilo que eu pisar será dado a mim como herança. Assim como o Senhor prometeu a Moisés e a Josué, também é para mim. Eu recebo essa promessa e acredito que nenhum território é inalcançável para mim, pois o Senhor está comigo. (Josué 1:3)

Eu declaro em nome de Jesus que o meu território se estenderá além dos limites físicos. O deserto do Líbano e o rio Eufrates não são obstáculos para mim, pois o meu Deus é maior do que qualquer barreira. O Senhor ampliará as minhas fronteiras e me dará autoridade sobre cada área em que eu pisar. (Deuteronômio 11:24)

Eu declaro em nome de Jesus que ninguém conseguirá resistir a mim. O medo e o pavor do Senhor irão adiante de mim, fazendo com que todos os povos da terra tremam diante do meu nome. A minha presença é poderosa, pois o Espírito do Senhor habita em mim. (Deuteronômio 11:25)

Eu recebo estas promessas como minhas, em nome de Jesus. Creio que sou abençoado(a) e capacitado(a) para conquistar e prosperar em todas as áreas da minha vida. Em cada desafio que enfrento, sei que o Senhor está comigo e me dá capacidade para vencer. Amém!

CAPÍTULO 19

Recompensa de Deus para aqueles que O agradam

Em Eclesiastes 2:26, diz:

> "Porque ao homem que é bom diante dele, Deus dá sabedoria e conhecimento e alegria, porém ao pecador dá trabalho, para que ele ajunte, e amontoe, para o dar ao que é bom perante a face de Deus. Também isso é vaidade e aflição de espírito."

Busque agradar a Deus

Se você deseja receber sabedoria, conhecimento e felicidade de Deus, busque agradá-Lo em todas as áreas da sua vida. Isso envolve obedecer aos seus Mandamentos, viver em integridade e buscar uma comunhão constante com Ele.

Valorize a verdadeira riqueza

O versículo indica que o pecador pode acumular riquezas, mas essas riquezas não têm valor eterno. Em contraste, a verdadeira riqueza está em ser agraciado por Deus com sabedoria, conhecimento e felicidade. Portanto, busque cultivar um relacionamento com Deus e valorize as bênçãos espirituais que Ele oferece.

Confie na providência de Deus

O versículo também menciona que Deus encarrega o pecador de ajuntar riquezas para entregá-las àqueles que agradam a Ele. Isso nos lembra que Deus é o provedor e distribuidor de todas as coisas. Confie na providência divina e na Sua capacidade de suprir todas as suas necessidades. Não coloque sua confiança apenas nas riquezas materiais, mas confie em Deus como seu provedor espiritual.

Em Isaías 43:1-5, Deus fala diretamente ao povo de Israel, encorajando-o a não temer, pois Ele os redimiu e os chama pelo nome.

Identidade em Deus

Assim como Deus se dirigiu a Jacó e Israel, Ele também nos reconhece como Seus filhos amados e nos chama pelo nome. Devemos lembrar que nossa identidade está em Deus, e isso nos dá segurança e confiança para enfrentar qualquer situação.

Presença e proteção

Deus promete estar conosco em todas as circunstâncias. Mesmo quando passamos por águas turbulentas ou pelo fogo das provações, Ele está conosco e nos protege. Podemos confiar em Sua presença constante em nossa vida.

Resgate e amor incondicional

Deus lembra ao povo de Israel que os resgatou e amou profundamente. Ele deu nações inteiras em troca deles, demonstrando o valor que têm aos Seus olhos. Da mesma forma, Deus nos resgatou por meio de Jesus Cristo e nos ama incondicionalmente. Isso nos dá segurança e nos encoraja a confiar em Seu cuidado.

Promessa de reunificação

Deus declara que trará a descendência de Israel desde o Oriente até o Ocidente, reunindo-os novamente. Essa promessa mostra Seu poder e fidelidade em cumprir o que promete. Podemos confiar que Deus é capaz de reunir todas as áreas fragmentadas de nossa vida e trazer restauração.

∞

CAPÍTULO 20

Confissão de Fé

Se você ainda não entregou sua vida para Jesus, não o confessou como seu Salvador, e gostaria de se entregar a Ele, e aceitá-Lo, faça esta oração comigo:

> *"Senhor Jesus, eu peço perdão pelos meus pecados, eu O aceito e O reconheço como meu único e suficiente salvador, eu reconheço seu sacrifício naquela cruz. Entra na minha vida, na minha casa, faz morada eterna, escreve meu nome no livro da vida, assuma o controle da minha vida. Hoje eu decido ser seu(sua). Eu te amo Jesus. Amém."*

Ao fazer essa oração de aceitação de Jesus como seu Salvador, você deu um passo importante na sua jornada espiritual. Agora, como um ativador de milagres, você pode fortalecer sua fé e se tornar um instrumento nas mãos de Deus para realizar obras sobrenaturais. Aqui estão alguns pontos que você pode considerar para viver essa nova vida em Cristo:

Estudo da Palavra

Dedique um tempo para estudar a Bíblia, que é a Palavra de Deus. Ela será sua fonte de orientação, ensinamento e crescimento espiritual. Busque compreender os princípios e promessas que Deus revelou nas Escrituras.

Oração

Desenvolva uma vida de comunhão com Deus por meio da oração. Converse com Ele regularmente, compartilhe seus desejos, preocupações e gratidão. Por meio da oração, você pode se aproximar de Deus, buscar Sua vontade e receber direção para sua vida.

Comunidade cristã

Busque se envolver em uma comunidade, como uma igreja local. Encontre companheiros de fé que possam encorajá-lo, apoiá-lo e ajudá-lo a crescer espiritualmente. Participe de reuniões de adoração, estudos bíblicos e grupos de comunhão.

Testemunho

Compartilhe o seu testemunho com outros. Conte às pessoas sobre o que Jesus fez em sua vida e como Ele transformou você. Seja uma luz para aqueles ao seu redor, mostrando o amor e o poder de Deus por intermédio das suas palavras e ações.

Vida de obediência

Procure viver de acordo com os princípios e mandamentos de Deus. A obediência à Sua vontade trará bênçãos e fortalecerá sua comunhão com Ele. Busque a santidade e permita que o Espírito Santo trabalhe em você, transformando-o cada vez mais à imagem de Cristo.

Lembre-se de que você está agora em uma jornada com Deus, e Ele deseja usar você de forma poderosa. Esteja aberto e disposto a ser guiado pelo Espírito Santo e a seguir o propósito que Deus tem para sua vida. Que a sua fé seja fortalecida e que você seja um canal de bênçãos e milagres na vida daqueles ao seu redor.

A partir de agora você é um ativador de milagres. Que Deus use você de forma sobrenatural, onde você estiver.

Lembre-se sempre: você é um projeto de Deus, que nasceu para dar certo.

Não tenha medo, coloque o pé que Ele colocará o chão.
Para onde Deus aponta, Ele paga a conta!
Seus sonhos não são grandes demais, acredite! Seu Pai acredita em você e eu também! Deus espera por você nos lugares altos.

A fé no futuro é a força do presente!

Conclusão

Acredite que tudo o que você precisa para viver uma vida plena e abundante já está disponível para você. A fé é a chave que ativa as promessas e bênçãos de Deus em sua vida. Lembre-se de que você é um filho e herdeiro de Deus, e como tal, tem acesso a todos os tesouros espirituais e terrenos.

Não se contente em ser uma vítima das circunstâncias, mas se posicione como um vencedor. A cruz do calvário e o sacrifício de Jesus abriram o caminho para que você possa desfrutar de uma vida cheia de propósito, significado e vitória.

Busque estar perto de pessoas que também ativam sua fé. A comunhão com outras pessoas, que compartilham da mesma fé e visão, pode ser encorajadora e fortalecedora. Juntos, vocês podem se apoiar mutuamente e experimentar um crescimento espiritual ainda maior.

Lembre-se de que você tem um propósito divino: saquear o inferno e povoar o céu. Sua vida tem um propósito maior do que simplesmente viver para si mesmo. Permita que Deus use você como um instrumento de transformação e influência, impactando a vida daqueles ao seu redor com o amor e o poder de Deus.

Seja um ativador de fé, vivendo uma vida de fé, confiança e obediência a Deus. Acredite nas promessas Dele, confie em Sua fidelidade e esteja disposto a agir conforme Sua vontade. Não limite o que Deus pode fazer através de você. Esteja aberto para que Ele possa usar sua vida de maneiras surpreendentes e maravilhosas.

CONCLUSÃO

Lembre-se sempre de que você é um ativador de fé. Que a sua vida seja um testemunho vivo do poder e do amor de Deus, e que você continue a crescer em sua fé e a influenciar outros ao seu redor para uma vida de plenitude e propósito em Cristo.

Se você recebeu um milagre ao tomar essa posição de fé e ativar sua confiança em Deus, eu encorajo você a compartilhar essa experiência conosco. Sua história de transformação sobrenatural é um testemunho poderoso do poder de Deus em ação.

A alegria de ver mais uma pessoa sendo ativada como uma dinamite, pronta para experimentar o sobrenatural de Deus, é indescritível. Saber que sua vida foi impactada, suas circunstâncias foram mudadas e que você experimentou a manifestação do poder divino, é uma fonte de encorajamento e inspiração para todos nós.

Ao compartilhar sua história, você não apenas testemunha o que Deus fez em sua vida, mas também fortalece a fé daqueles ao seu redor. Sua experiência pode servir como um farol de esperança para aqueles que estão enfrentando desafios semelhantes, mostrando-lhes que Deus é real, fiel e capaz de fazer o impossível.

Portanto, não hesite em compartilhar seu testemunho. Seja por meio de conversas pessoais, em uma reunião de fé ou até mesmo nas redes sociais, deixe que outros saibam como Deus agiu de forma extraordinária em sua vida. Cada testemunho compartilhado é uma semente de fé plantada, que pode crescer e florescer na vida daqueles que o ouvem.

Lembre-se de que você faz parte de uma comunidade de ativadores de fé. Juntos, podemos encorajar uns aos outros, celebrar as vitórias e continuar a buscar o sobrenatural de Deus em nossa vida. Que cada testemunho compartilhado seja um lembrete de que o poder de Deus está disponível para todos nós e que podemos viver uma vida cheia de milagres e maravilhas.

Que suas palavras e sua história inspirem outros a buscar a presença de Deus, a confiar em Suas promessas e a ativar sua fé como uma dinamite. Que muitas vidas sejam transformadas e o nome de Deus seja glorificado por meio do testemunho daquilo que Ele fez em você.

Compartilhe seu milagre comigo pelos meus canais e continue a viver no sobrenatural de Deus, sabendo que você é parte de uma comunidade de ativadores de fé que caminham juntos, ativando a fé e experimentando o poder de Deus em sua vida.

A autora

Luciane Burger é empresária, *master coach*, analista comportamental, treinadora implacável, palestrante e escritora. É uma filha amada de Deus, esposa do Gustavo, mãe do Bruno e da Valentina, Líder Cristã e apaixonada por resgatar sonhos e projetos através da fé.

Seja você um agente de milagres, compre um ou mais livros, entregue para uma pessoa que Deus te mostrar, entregue em hospitais, você será resposta da oração de alguém.

Contato:
E-mail: luburger@unikagestao.com.br

Siga Luciane Burger nas redes sociais
YouTube: Lu Burger
Instagram: @luburger
Facebook: Lu Burger